重鐫心齋王先生全集

1

明 王艮 著

明萬曆刊本

图书在版编目（CIP）数据

重镌心斋王先生全集 / (明) 王艮著. -- 北京 : 海豚出版社, 2018.1
ISBN 978-7-5110-4133-3

Ⅰ. ①重… Ⅱ. ①王… Ⅲ. ①王艮（1483-1540）—文集 Ⅳ. ①B248.3-53

中国版本图书馆CIP数据核字(2017)第329562号

书名：重镌心斋王先生全集
作者：(明) 王艮著
责任编辑：李俊
责任印制：蔡丽
出　　版：海豚出版社
网　　址：http://www.dolphin-books.com.cn
地　　址：北京市百万庄大街24号
邮　　编：100037
电　　话：010-68325006（销售）　　010-68998879（总编室）
印　　刷：虎彩印艺股份有限公司
经　　销：新华书店及网络书店
开　　本：16开（210毫米×285毫米）
印　　张：45.75
字　　数：366（千）
版　　次：2018年1月第1版　　2018年1月第1次印刷
标准书号：ISBN 978-7-5110-4133-3
定　　价：1760元

出版說明

人是一種會思想的動物，無論是要適應環境，克服生存的困難，抑或爲了生活得更有意義，思想皆不可或缺。在一般的中文習慣中，思想的涵義比"哲學"更寬泛，這種語用習慣的差異，也影響到學者對學術視野的選擇。一般而論，思想史的範圍也較哲學史爲廣闊，雖然很少得到清晰地界定，但它不失爲一種有效的學術視野。

在近代中國學術史上，思想史研究的興起與哲學史大約同時。一九〇二年三月，梁任公在其創辦的《新民叢報》上連續發表了《論中國學術思想變遷之大勢》系列論文，這可能是最早由國人撰著發表的思想史論文。而第一本由國人撰寫的中国古代哲學通史，則爲一九一六年謝無量的《中國哲學史》。這兩本早期著述有其學術史的意義，但其中對學科的性質與研究方法等多無明確的説明。事實上，無論是學者的闡述，還是其實際的操作，在思想史與哲學史之間都不易劃出清晰的界限，直到當代也仍然如此。拋開細節不論，就語用習慣及有關實踐而言，思想史表徵一種對歷史文化廣闊而深入的關照，其研究方法，關注的問題，都較哲學史爲多元，史料基礎也不可同日而語。尤其是在郭沫若、侯外廬等人建立起來的研究傳統中，思想史有明确的社會史取向，或因其與傳統的文史之學有親和性，以至在今天，這種思路仍然很有生命力。

文獻發掘向來是思想史研究的基本環節。爲了促進有關研究，我們選輯多種文本編爲“中國古代思想史珍本文獻叢刊”。全編選目包括經典文本，如儒、道二家的經解，重要思想家作品的早期刻本，和某些并不廣泛受到關注的作家文集的舊刻本。本編中也選錄了數種反映古代民俗信仰的文獻，如《關聖帝君聖跡圖志》、《卜筮正宗》等等。這些文本在傳統的學術視野中，多以爲不登大雅之堂，在今日視之，或者正因其反映了古代社會一般的信仰氛圍，而有重要的文本價值。此外，本編也著意收錄了數種通常被視爲藝術史史料的文本，如《寶綸堂集》、《徐文長文集》等，我們認爲對思想史關注而言，範圍與深度同樣重要。

選集本編，也有文獻學上的意圖。中國古代有悠久的文獻學傳統，大量古籍文本的傳刻與整理造就了古代中國輝煌的古籍文化。本編收錄的這些刻本不僅是古代學術發生、衍變的物質證據，也是古代古籍文化的重要部分。本編所收錄的全部作品皆爲彩版影印，最大限度地保存了文獻的細節。其中有部分殘卷，視具體情況，或者補配，或者一仍其舊。本編的選目受制於編者的認識與底本資源，或者有不妥、不備之處，希望讀者不吝指正。

目録

第一册

第二册

第一册

全集序

文成夫子曰顏子殁而聖人之學亡何亡乎蓋在聖門以顏子者好學今也則亡况以後之人乎噫非果學不好抑亦好非學也逌文成出而良知一脉直接

性善之宗豈非顏子再世而天
實未亡聖學耶心齋先生其當
門子也先生未及門時深思力
踐已透入性命之奧故遇而傳
傳而遇文成之學多有所發明
與鄒錢王歐諸公又多藉所提

摯于許江先師淵源所自不爽
失小子履神交不翅面命私淑
殊甚雨化于是登先生之堂躬
承樂學之宗而丕建維揚十州
縣之會俊又鬱起非徽福先生
之靈有是于惟先生好悟類顏

精脩類會勁挺頴子輿氏而勤懔造士隱隱尼山父不厭倦之緒其載在鄒子眞儒編劉子學案周子聖宗統者言言學人著蔡矣兹語錄者何重修之爲嗚呼傳海錯者不在其多望楞瞜

者惟恐其少耿司馬表章之意
歟先生性真不修文字而隨人
指點散在士林識大識小舊錄
未之悉也諸孫氏之垣等旁搜
而增益之稍稍成先生全書世
興道也道與世其有量乎予小

子既爲予先矣
萬曆彊圉恊洽歲林鍾之元新
安私淑弟子陳履祥拜手書
都仁會上

全集序畢

王先生全集目錄

卷之五

目錄終

重鐫心齋王先生全集卷之一

秣陵　焦竑　仝梓

古吳　錢化洪

北平　孫道樸　校政

海陵　四代孫王元㝢　仝校

五代孫王　校政補遺

首錄　王大炯

六代孫王　翻刻

薦疏

欽差總督漕運兼巡撫鳳陽等處地方都察院

右副都御史臣劉節謹

題爲

開讀事據泰州申准知州任洧關訪得本州儒
士王艮學問淵源孝友純篤淮揚南北鮮
見其儔不以科舉文字做出身楷模每以
聖賢義理爲入道門户杜門養素絕迹城
闉淡然無仕進之心確乎有尚友之志縉
紳傾仰遐邇聞名且狀貌魁梧春秋盛壯
攄其所藴大用有餘誠滄海之遺珠一世

之高士也輿論僉歸理合薦舉闕州州判達
等因備申到臣除批仰揚州府再行查勘
是實照例起送外臣竊惟人才難得自古
爲然我
朝立法求賢網羅才俊百六十年于茲濟濟
在位可謂盛矣仰惟我
皇上孜孜圖治寤寐英豪旣開三途並用之例
以旁求一時之人才尤恐薦辟有遺收錄
未盡故又

特從大臣之請再舉懷才抱德經明行脩不干
名利伏居巖穴者悉令有司薦舉臣等撫
按官嚴覈實送部考驗奏
請量才擢用此立賢無方誠近代所無之
盛典也士生斯世何其欣幸雖隱居草莽稍知
脩厲者孰不彈冠相慶以委質爲臣效忠
圖報哉但三代以下人鮮全才取其長或
棄其短責其實不狥其名則人皆可用而
野無遺賢矣今據泰州儒士王艮田野布

衣不求聞達講學厲行篤志前脩庶幾海
濵之善士
聖化之逸民也臣會同巡按直隸監察御史朱
孔陽議照前因相應舉薦欲候該府覆實
至日具
奏恐違期限除再催督揚州府將王艮查勘
如果學行可取素重鄉評徑自起送赴部
聽候今將前項緣由依限先行
奏報如蒙

皇上開薦辟之途

廣求賢之路乞

勑該部候起送至日考其德行而不責以文藝

量才度能奏

請擢用則天下之士聞風興起者愈衆而世道

復古亦有進益矣伏惟

聖明裁察幸甚緣係

開讀事理未敢擅便爲此具本專差舍人

親齎謹

題請

旨嘉靖八年十二月

巡按直隸監察御史臣吳悌謹

題爲舉逸民以昭

聖治事歷觀古神聖之君凡制禮作樂以開一代文明之治者莫不急登賢之舉勤旌車之招蒐攬巖穴羅而致之示天下以不遺之意而後休烈盛美輝耀天地雖深山窮谷海隅絕漠之濱猶知興奮故曰舉逸

民天下歸心焉伏惟我
皇上撫運中興
躬致泰道天下豪傑之士彬彬嚮用于斯爲盛
泰之初九曰拔茅茹以其彙征吉是之謂
矣臣又聞之九二曰不遐遺言泰之時賢
人衆多其有退脩靜養伏在僻陋者不可
以遐而遺之也夫衆賢方彙征而尤慮其
遐之遺焉茲非聖人保泰之心不自滿者
歟稽諸古隆盛之時罔不率由斯道暨宋

司馬光呂公著輔政當國首薦河南處士
者其亦有見於此矣矧惟我
皇上聖性夙成道存敬一臨御之初
親發德音以示天下固將與斯民胥入於道者
而謂四海之廣獨無伊人可與宋之邵雍
程頤暨
先朝吳與弼陳獻章輩後先相望以繫
當宁不遐遺之思則是厚誣天下之無人而
皇上立教之心亦孤矣臣實惑焉臣竊嘗聞人

言東海之濵泰州安豐塲有士王艮可當
其選者然尚竊慮盛名之下其實難副處
士鶩虛聲以欺世者亦時有之故惟藏之
中心久矣臣近因奉
命來巡兩淮乃得博詢于衆庶聞其蚤歲僅受
讀孝經論語亦不甚解葢本非業儒者比
及三十時一日偶有感於事親之際忽覺
此心之開明於前時所讀書若或啓之者
遂從此一意向學銳然以聖賢爲必可企

乃始論交于天下之士訟疑於孔氏之書且
父之而所得日以邃焉其孝友忠信孚於
鄉黨宗族臧否共歎其隨人開導務盡其
材四方之欲問業辨惑者群至其門其好
學之志老而愈篤臣試覈其名實果亦符
應然後就而訪之見其人襟懷灑落儀度
雍容真機流行不事矯飾雖頃困執喪哀
毁氣體稍弱而議論亹亹曲中人心精誠
潛通使人有所感發蓋其學主于自得不

落於言語文字之詮且少無觚翰之習長不踐聲利之場平生不見異物而遷焉故其工夫最直截簡易而行年六十造詣日深就其所至其殆庶幾乎若玉之琢不復爲璞若金之鍊不復爲鑛視世之拘儒曲士斷斷非所可擬者斯亦洛中之儔而與弼獻章之流也斯可謂

聖世逸民矣臣 獲之實竊慶喜乃歎

聖人闡道以先天下天下必有應焉者殆不其

然也茲當竣事之期敢以上獻伏望
皇上弘保泰之道
軫不遐遺之思
勑下吏部再加詢訪如果臣言非謬查照
先朝典故將艮致之
闕下惟所
簡用之於治道風教必有裨補臣叨承
命使與有觀風之責山林隱逸分宜薦揚抑聞
之孔子曰舉爾所知爾所不知人其舍諸

臣之所知莫先於此因將舉之以爲天下

兆也伏望

聖明裁察幸甚緣係舉逸民以昭

聖治事理未敢擅便爲此具本尊差舍人

親齎謹

題請

旨嘉靖十六年十一月

從祀孔廟疏

右春坊右諭德韓世能一本議從祀以崇

聖道事據禮部手本開稱該御史詹事講奏
前事請以先臣王守仁陳獻章從祀
孔廟該本部覆奉
聖旨從祀重典着各該儒臣及九卿科道官從
公品隲議奏務協輿論欽此續該科道諸臣
先後具題吳與弼胡居仁蔡清陳眞晟羅倫
章懋黄仲昭鄒守益王艮等俱宜從祀臣等
職列儒璒心存獻納何敢言及之而不言乎
臣聞自古帝王中天地而立神人必秩祀典

以明教化蓋典禮秩而教化明然後天地位而神人悦此不易之道也人之言曰孔子之道在萬世宜孔子之祀世萬世從祀隆禮談何容易臣以孔子之所以萬世祀者以道存也而孔子之道所以萬世存者以代有人之羽翼也往昔皆然何況

聖代然則惟其能羽翼孔子之道則當從祀孔子之廟無容議矣所以議者顧所羽翼之人何如耳臣聞之師曰議聖人之道易身聖

人之道寔爲難匪身聖人之道難而心聖人之心乃能身聖人之道是爲難耳是說也非所責之漢唐以來訓詁諸儒獨宋濂洛諸君子蓋庶幾焉由今而後考其人品究其心術粹乎聖人之徒真無愧於羽翼使有宋及明得換統於鄒魯諸君子身道之力也自宋而下蓋寥寥寥矣幸我

明興開國斯道重光我

祖宗列聖親率表章於上而治化之美又以甄

陶長育於下故其人才在永樂天順間則有南海陳獻章餘姚王守仁此三臣者皆能卓然振拔於詞章成化嘉靖間身任乎聖道之傳雖其所造就遇合不必皆同而要之契悟不詭於聖真操行無媿於先哲訓迪有功於來學或爲之前而先倡或爲之後而益大誠如諸臣所疏其爲孔門之羽翼並無可議乃薛瑄既得從祀而守仁獻章之祀迄今未定所以言官因海内人心久鬱之望而請之不

置也語曰禮樂待時而興衆言必折諸聖今日之謂矣臣請得竟其議考之記曰有道有德者生長教焉沒則以爲祭於鼓宗宗者學宮也二臣所謂有道有德者非也一宜祀祭法曰法施於民則祀之以勞定國則祀之夫二臣之師世範俗皆曰法戢亂定難皆曰學二臣有焉二宜祀昔我

世宗皇帝於孔廟特進陸九淵而黜馬融二臣之心學不媿九淵者也三宜祀三人占則從

二人之言今之言者久而益多非二臣懿美
素孚何以得此當輿論以慰人心四宜祀昔
者文武造周壽考作人鎬京辟雍垂祚八百
知所先也
陛下臨御於茲十有二年矣講學親賢
聖德不可殫述而獨盛典曠焉未舉人心顒
望一不宜緩近世學術不明士心險頗饕餮
功利勇近浮華悖道者衆有可議煆賢祠
講學舍以消阻抑向學者之志今崇祀二

使天下人心曉然知

聖德所嚮以鼓舞而更新二不宜緩

世廟時議祀薛瑄止擇於一二臣之言遂令公

論不申而終正於

莊皇帝之獨斷今獻章守仁之議也已十七年

其人品已覈而愈真公論已久而愈定更復

一何待三不宜緩大化之運也陽一陰二聖人

之治也扶陽抑陰重道盛節崇儒美事皆陽

道也寧過而扶之毋過而抑之四不宜緩耳

目所覩記
聖朝理學之臣不止于楊濂所錄言官所舉
如吳與弼胡居仁蔡清陳眞晟羅倫章懋黃
仲昭鄒守益王艮輩聖澤所濡賢哲嗣起超
越前代眞表表爲後學師赫赫爲國朝重大
者矣
陛下誠進陳獻章王守仁於孔廟俎豆之末斯
一文正色其餘諸臣或先議祀於其鄉或稍俟
論定而後進則教化行人心淑 聖治光盛

美矣奉

聖旨禮部知道

巡按朱公孔暘憲牌 嘉靖八年

竊惟聖賢中正之道存於人倫日用之間本諸身心見諸事業光明通達平易和樂卑鄙則流於汚隱怪則失之異三代旣往淳風漸澆惟人心之不古俯塵莽之就空吁聖愚同性今古一機不可謂天下盡無人以絕將來之望也山林田野夫豈無格物窮理講學明道修身治行爲

振古之人豪者乎間一有之同類者議其矯俗當道者議其好名豪俠者嫌其迂鄙俗者忌其矜必欲同流合汚苟隨於世盡沒其平生與常人無異而後已至有詞翰徵長科名顯耀者則衆相標榜以爲間世麟鳳不思詞翰罔切於身心舉業何關於理性何怪乎道脉之微而世俗之僞日益甚耶據該府所舉儒士名王艮者修身篤行好古敏求孝弟著於鄉邦道德聞於遐邇觀此則潜究聖賢篤厚倫理匪獨一世之士

尚餘有用之才與本院所訪無異除按臨親詣
拜訪及會同巡撫另行外仰府行州即查本院
無碍紙銀量支備買羊一牽果四盤米一石酒
一罇書本院姓名禮帖令州官親送及門用表
菲意取回票入遞先行繳報

人四刑者雖不踣亦刑之在市也○又云禮記

云喪多而服五罪多而刑五上附下附是也○

介甫王氏曰刑盜於市凡罪之麗於法亦如之

者所謂刑人於市非特與衆棄之亦以人之犯

刑皆以趨利爲本○正以趨利犯刑則雖盜而已

故特言刑盜於市○王氏曰同族有爵殺於甸

師氏既言於掌囚此復言之者掌囚奉而適甸

守庵先生像

於維我考像可得而見神不可得而傳考軀之修兮邈周文聖之七十考年之末兮登周武聖之壽元考德之隱以銘兮非餘言之所可悉考志之奇以垂兮端啟乎述之者之爲可法爲可傳

仲男艮百拜贊

箬笠子曰不知其父視其子不知其子視其孫余于先生令子（指心齋先生）聞孫（指東崖先生）及玄孫出篋中遺像贊而識先生又知心齋先生非阿私阿翁以欺我者也猶歟先生家泰州遂家世泰州以比于公卿大夫之世祿其門者榮辱失得眞星淵哉余備竊孟夫子之語而爲之辭曰聞泰州之風者頑夫廉懦夫有立志

余以豈城　熊思誠先生招邀海陵講學謁先忠武營壘祀處及謁心齋先生于書院先

[illegible]元鼎門出遺像贊相示曰此余先曾
[illegible]之而未及書之留以待先生之筆也元鼎
復不棄問道于肎不辭其請而遂漫紀之時
萬曆壬子中秋既望日也
檇李後學岳元聲識

突然天造粹然自存淮南發跡道學啓源壽
幾百歲德澤綿綿不先有開詎裕後昆烏乎
若人小子有言
歷陽後學鄢繼可贊

鄢子繼可因曾孫氏元鼎重刊全集又得其
家簏中三像心齋夫子二守庵公一竊思子
聖則知父賢像贊[illegible]不可欽敢僭補之鼎門後
遺澤復得夫子贊貴公之詞即可曰鼎門先曾門

正學爲一代儒宗九原有知烈高祖漯漯爾
耶于是圖其影併以贊并諸簡首令讀之者
知公之能啓聖也疆可爲之畧畧曰公訌諱
紀芳字守庵其别號幼喜獵聞子學弛之胸
襟坦蕩居然長者身長九尺三寸壽九十有
三兩遊
恩例授壽宰冠帶歲給米布誠可謂東海之鉅
老
昭代之逸民也謹識

心齋王先生遺像

王心齋先生像贊

於乎惟先生之容儼兮其若客惟先生之心坦然其無不獲蓋先生之言曰匪學胡樂匪樂胡學然則先生之學固其所以爲樂而先生之樂又其所以爲學而其無不學無不樂者固先生之所爲躬行心得而後人之先覺也邪

永春後學李[illegible]

元化不息王持者人若續若斷以通以湮在

昔有朱元公崛起不有伯淳誰承其紀云
數傳而墮支離惟我文成開斯世迷先生幸
興海濱獨詣取諮姚江貞符允契我拜公像
顒顒昂昂繼開千古教澤無疆於千萬祀云
胡可忘
上元後學李登頓首拜書知縣

浩浩之氣巖巖之風其容肅肅其度雍雍樂
學居仁格物知止天挺人豪心齋夫子
淮陰後學馮世明贊諸生

身未六旬道通萬世掌握乾坤包羅天地仁
以勉仁學以樂學允矣師模啓我後覺

海陵私淑門人唐　珊贊　布衣

先生有真體不在耳目與口鼻身以備三才
貌以借四序有手兮掌握天地有足兮東西
南北是固非口舌之所能形亦豈畫工之所
可悉我儀思之渾然太極

楚房郡後學李香撰　訓導

學每一嘆哲人挺生匹夫有志泰山貞珉師

參爲力行[illegible]修爲悟力行近仁高

百世是欽，是承

新淝私淑門人陳復祥贊 貢士

形恭而安色溫而厲歌著大成箴昭孝弟

弄乾坤道通天地孔孟同心垂憲萬世

清江私淑門人陳魁類撰 布衣

誰不有形色先生天性是誰不有天性先生

形色是格物格此物修身脩此身東海一托

跡姚江傳至眞仰瞻何所似太極自渾淪

卷之一

宛陵後學汪有源撰 布衣

粵維夫子人相厥眞僊丰道氣玉骨金筋子

曰否否惟聖統天文成嘆曰鐵漢鐵漢從今

觀之果然果然天何言哉小子述焉

歷陽私淑門人郝繼可撰 訓導

心齋先生全集

卷之一　小影

十九

小影贊

超凡入聖之資龍馬海鶴之性篤實剛明之
行經綸闔闢之才

豫章鄒守益題 祭酒

襟懷灑落儀度雍容真機流行不事矯飾

豫章吳 悌題 刑部侍郎

剛毅之資淵泉之學道足以謀王不求其祿
德足以輔世不求其名勉仁之教老倦倦于
後學良知之學獨得其真傳

雙橋朱懷幹題揚州知府

右危坐小影者乃先生四十時遊學江浙諸同志繪以贈者也端巖蒼古鬚眉酷肖簡藏七十餘年兔芒直射沒世雖云陳編實乃神寓遂授剞劂用廣後生敬與鄒吳朱公並垂不朽

冠服蒲輪等製圖

五常冠　明道巾　深衣製　紳經製

手板笏　方履製　蒲輪製

五常冠

糊紙爲之武高寸許廣三寸袤四寸上爲五梁廣如武之袤而長八寸跨頂前後下着於武屈其兩端各半寸內外而黑漆之武之兩旁半寸之上竅以受笄笄用白齒骨名五常冠仁義禮智信皆大德也亦見載天之義初冠爲文成公

明道巾

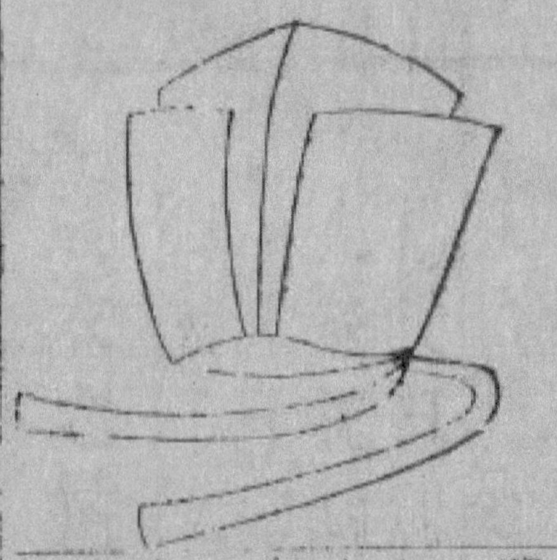

明道巾乃程子所製也先生謂文成公後居鄉燕處之冠也飾孔子所謂其服也鄉之意後有像遂倣之耳

深衣製

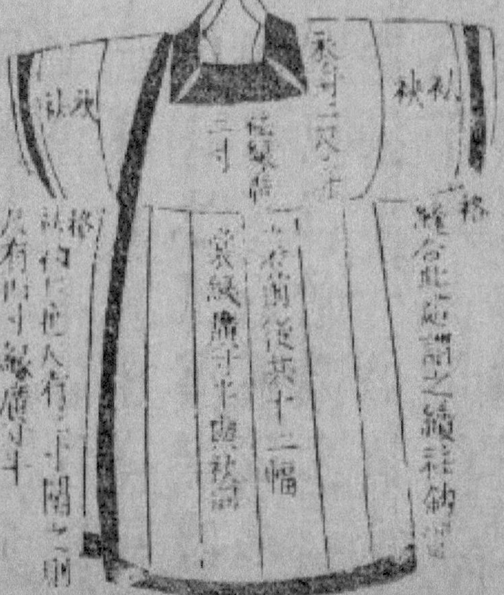

披所着深衣一如古制以黑繒緣其袪邊通身以黑白色布爲之獨曲袷處製方乃先生之獨創也賢者其擇焉

紳絛製

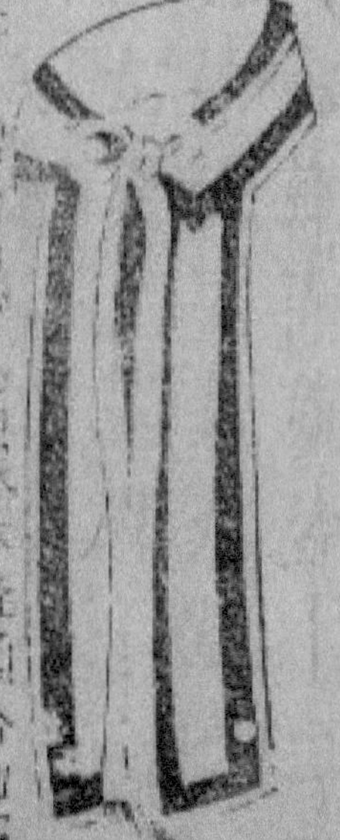

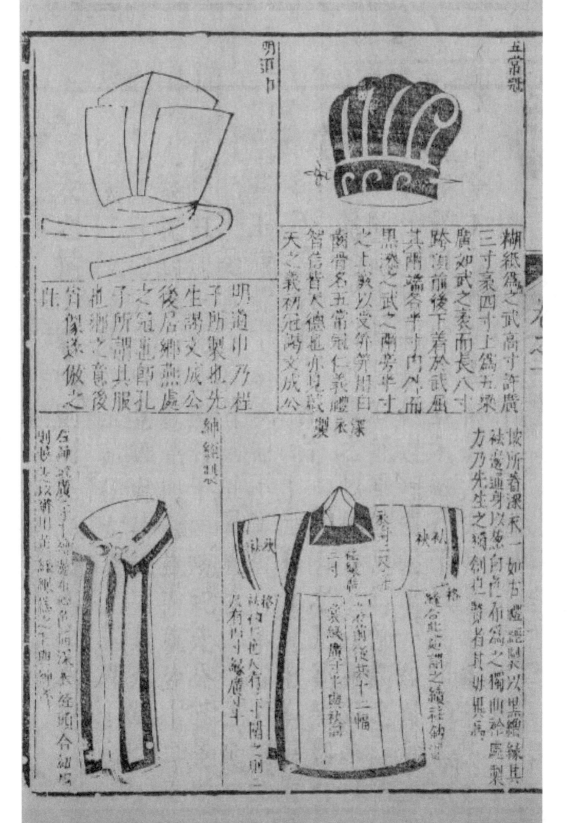

先生謁文成公後有周流天下之志故製此車標題其上曰天下一箇萬物一體入山林求會隱逸過市井啓發愚蒙遵聖道天地弗違致良知鬼神莫測欲同天下人爲善無此招搖做不通知我者其惟此行乎罪我者其惟此行乎車成乃有鰍鱔賦等作觀此則先生兼善之志槩可見矣

先生初謁文成常書其上曰非禮勿視非禮勿聽非禮勿言非禮勿動出則持此常目在之須臾無忽之心也及成爲之色動

方履製

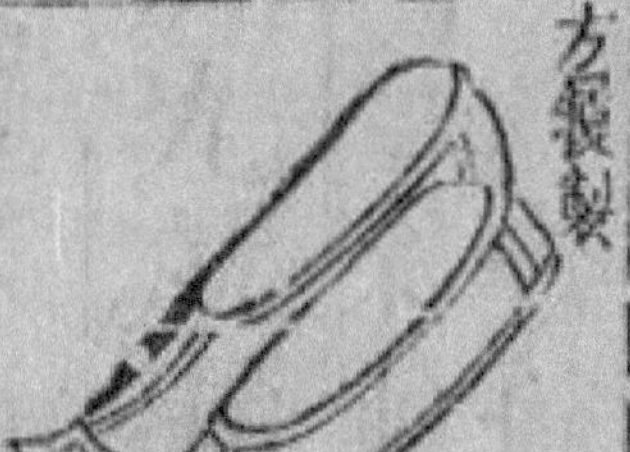

深衣用白絹其緣用緣繒或用黑緣黑禮亦宜然先方履者取象地之方也亦見蛙步不苟義

蒲輪製

御此者以驢騾代之取其輕且疾也升下俱門弟子輔之

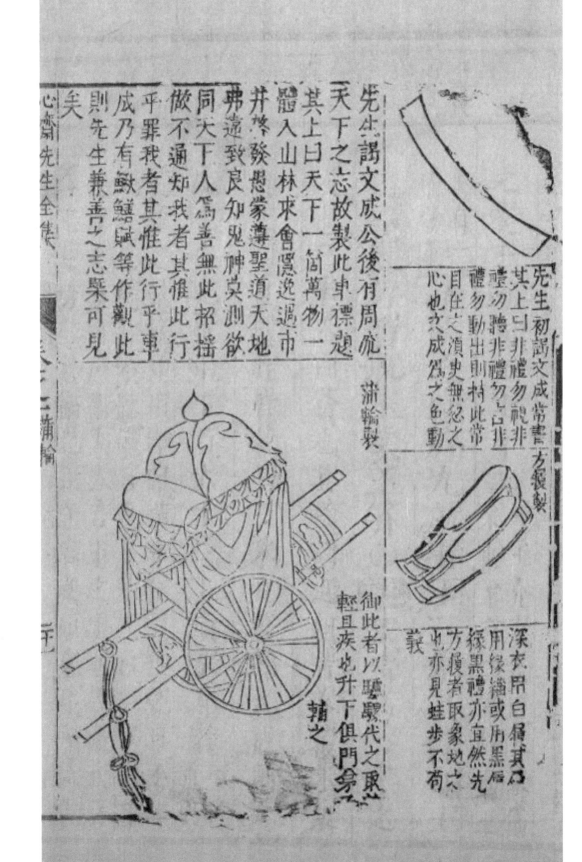

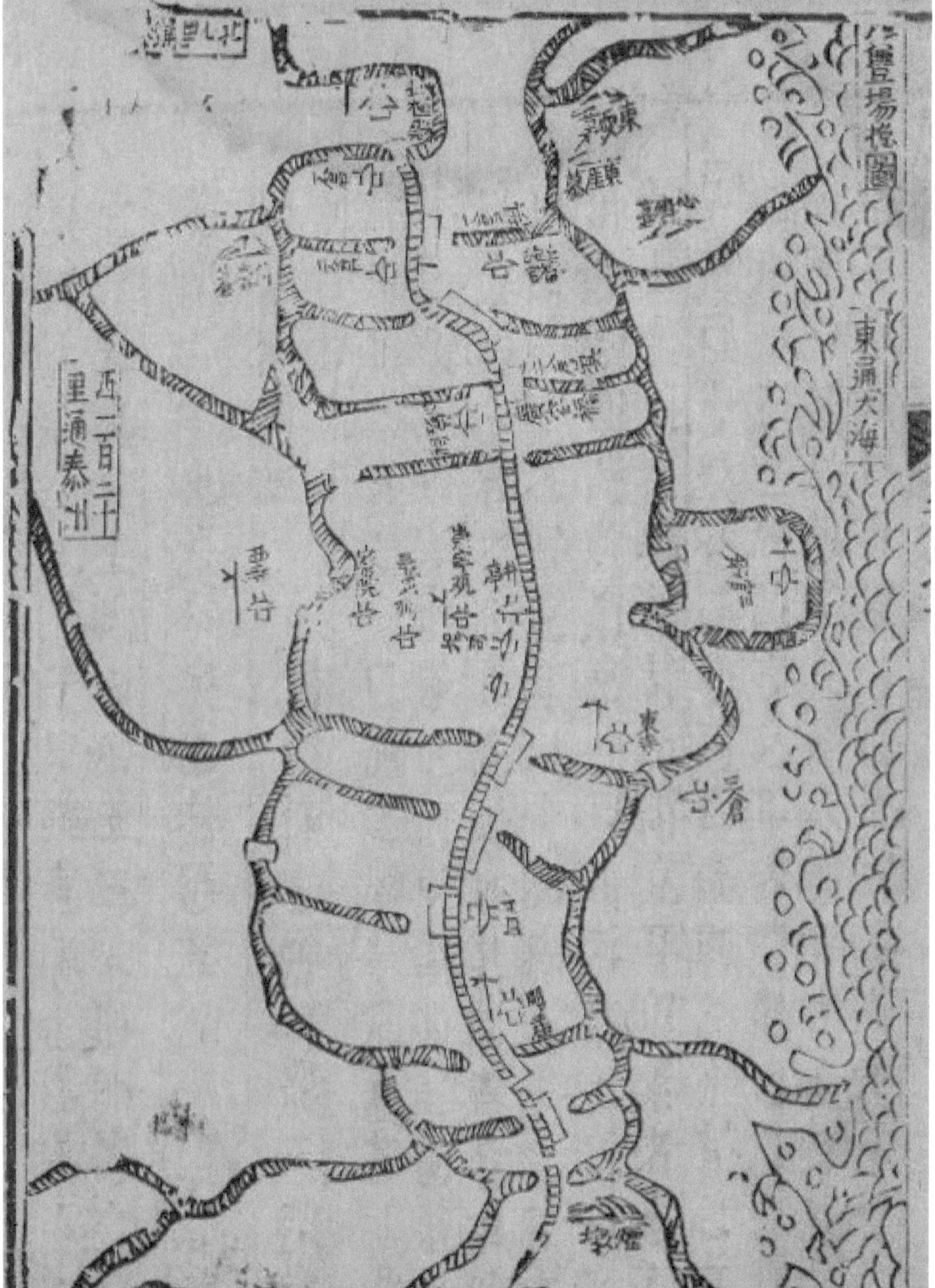

鹽場總圖
東通大海
西二百二十里通泰州

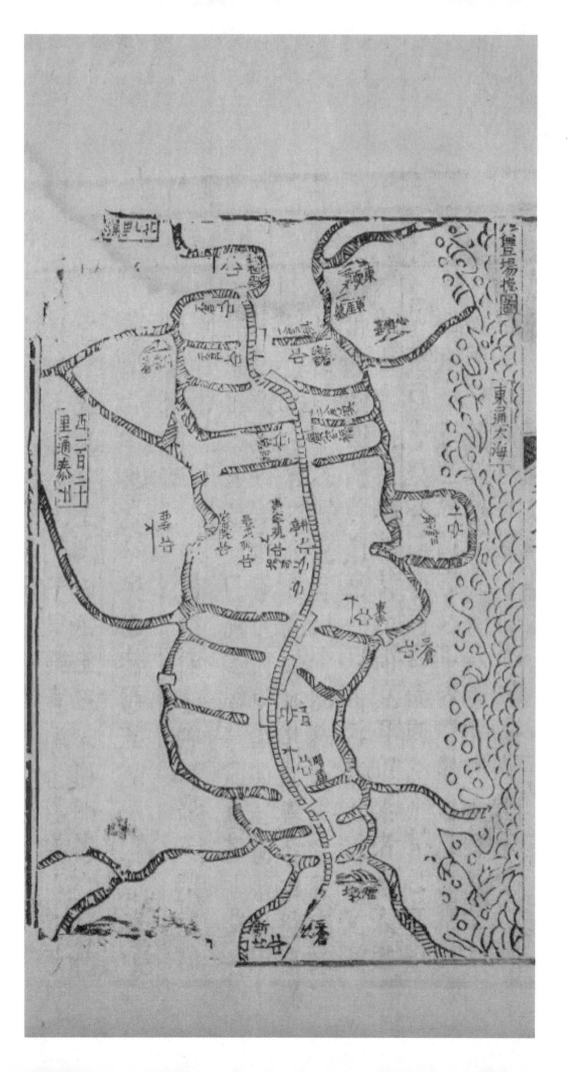

崇報德齋考

齋名報德乃王氏子孫不忘德之設也先生奉祠當道嘉惠多士年所捘其志同道同特建特脩若爲之木主食報于中每歲春秋特祭祫祀建祠置祭田三人則戶部尚書耿公定向　淮揚兵憲程公學博　州守大夫蕭公景訓協建祠一人則郡　都憲淩公儒肖像一人則　節推徐公鑾重脩一人則兵部侍郎耿公定力共計六人已往者祀以禮位見在者供以長生振之不敢忘報之意云

崇儒明宗館議

先生樂學主于悅心而朋來共證樂學之倡也一庵子嘗言曰莫把詞章供聚樂須將道義結同盟是館之設殆謂是歟于中設陳榻具孔甑先生曾孫元鼎氏實主其盟願四方有志之士同宗尚義之人來此講學論道考德問業一切博奕游徒所當屏之門外是在主盟者謂何耳至于迎來供贍之需俟之同

志當道權之本族宗會其次第舉也夫

萬曆丁未秋郡後學陳應芳識識之樂學堂中

祭器圖

籩十七竹爲之以盛果蔬各四升泰州儒學學士高立王立志置數十

豆十六木爲之以薦葅醢各四升曾孫元鵬置數十

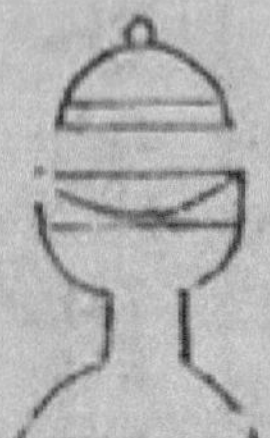

登如豆以薦大羹容一尺八寸高二尺四寸置數一

簠外方內圓盛稻粱黍稷之器數二

簋內方外圓盛稻黍稷之器數二

罍酒器刻爲雲雷之象以黃金飾之數二

爵酒器受一升上兩柱取飲不盡之意以戒過也銅爲之三宗孫各一置

洗注水以盥其手時的銅爲之曾孫元鵬置數一

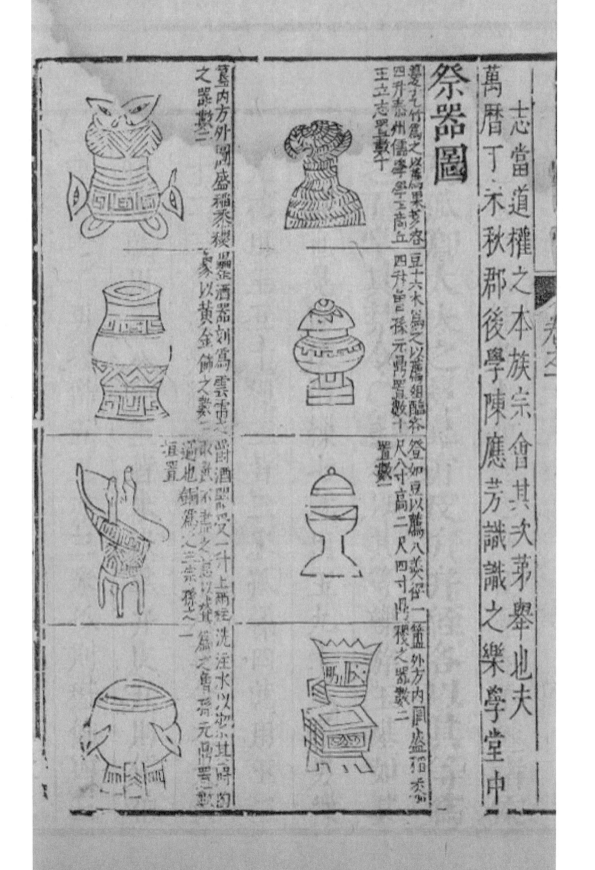

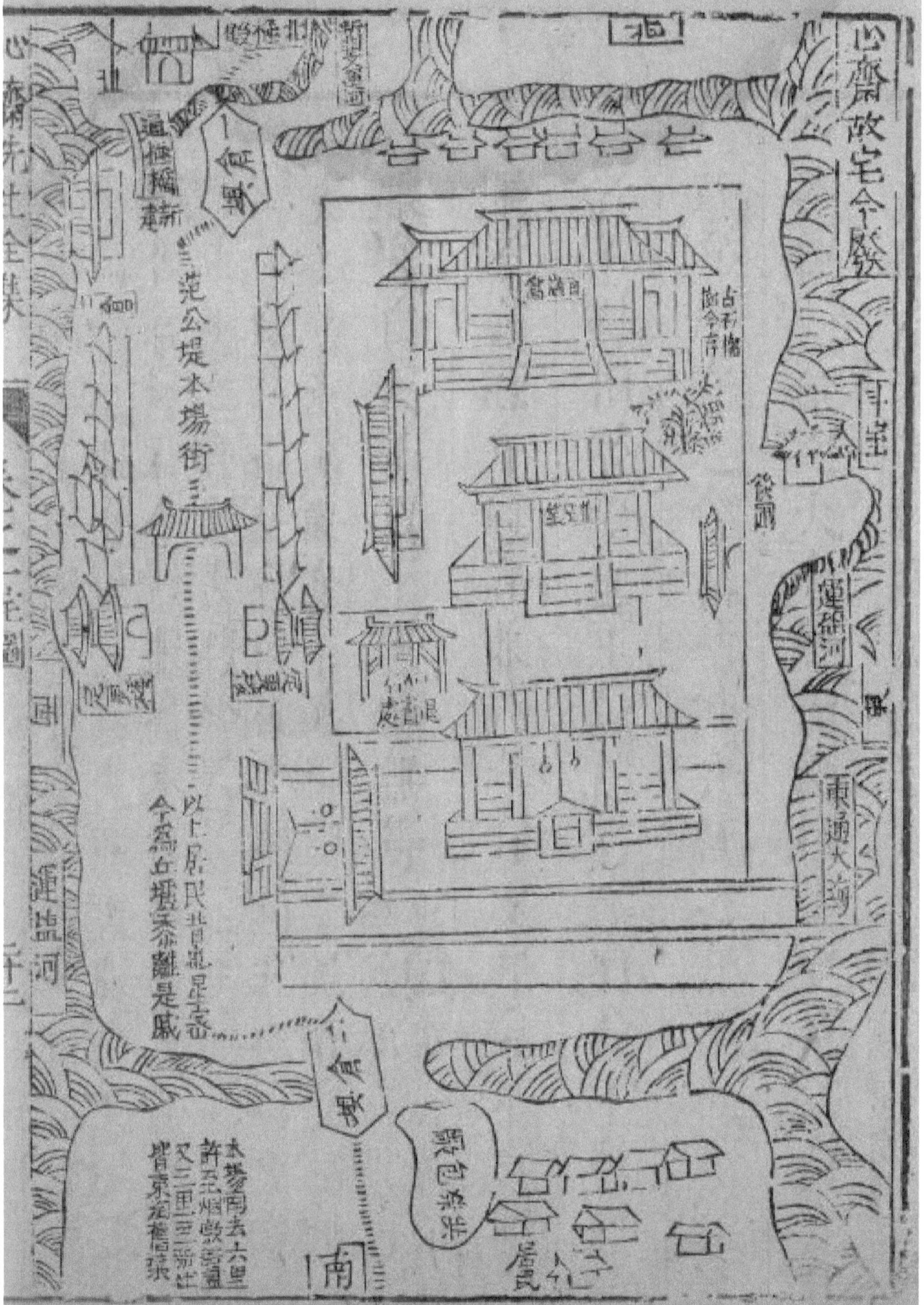
心齋故宅今廢
心齋先生全集
范公堤本場街
運鹽河
東通大河
北
西
南

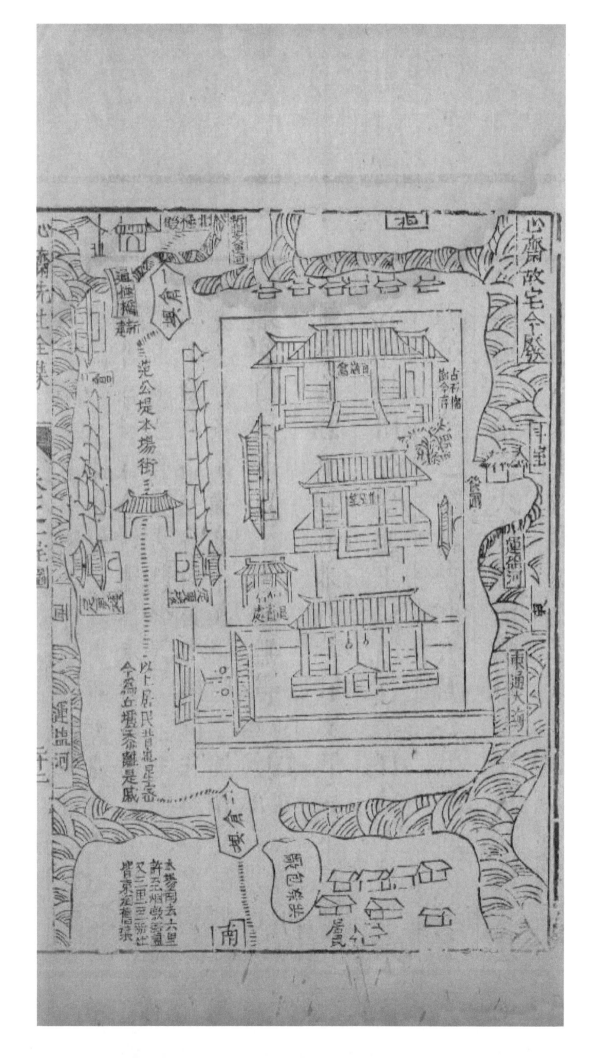

發軔紀事

發軔者紀先生之始生也故宅者始生之遺址也是遺址也偏東洵東北隅彈先之地也西至街東至海河計四畝許南至一舍巷北至本場街盡直計八畝許乃始祖伯壽公自姑蘇始遷占籍之遺址也浹堤墜危雄峙洵北后爲百歲窩高徵文貴守庵公之長年也中爲作塾堂長子生之軸起也右爲省退處左宅後築斗室環海河中皆菀學宴息處也前後若干楹後正學大明南遷精舍書院去故宅二里許嗟嗟九世而下氣運偶塞中葉蕭條故宅民居悉皆被蕩曾去幾何今爲丘墟過留城者書與九原之思而爲先生之嫡派者不覺潸然矣是烏可不紹正學闢發軔之基繩祖武新故宅之業端在後人尚勉旃哉端在後人勉旃勿替故宅左一披舊有古榴崗一株聞先世某待成邊城去一十八載臨花

盡息後大赦歸其花復開至今老幹古枝脩
然仍昔人皆異其不偶也因併及之

議建故宅遺址碑亭

碑式 高六尺五寸 廣二尺八寸

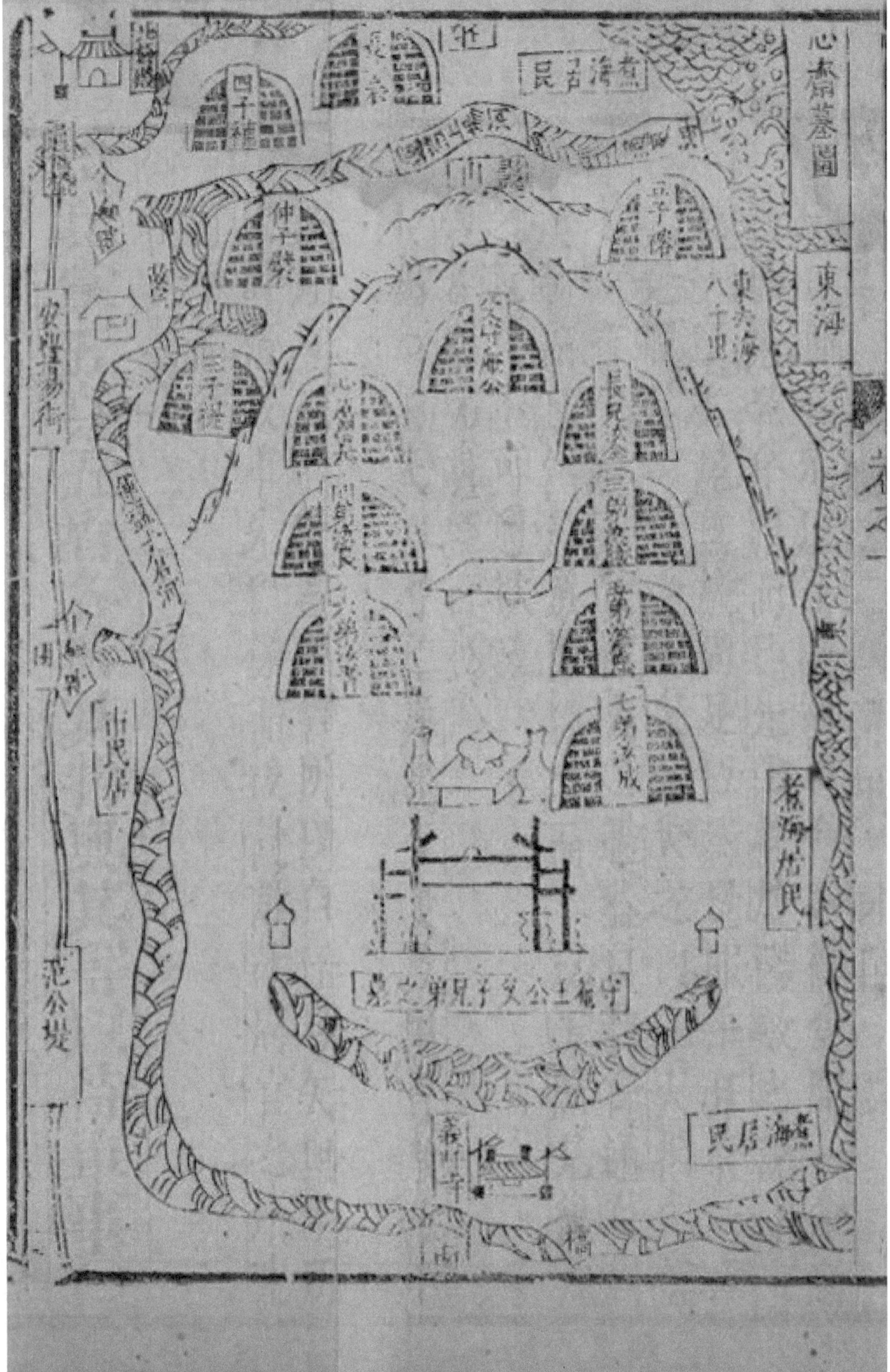
心齋墓圖
東海
東去海八十里
煮海居民
煮海居民
煮海居民
安豐場街
市民居
范公堤
守菴王公父子兄弟之墓

王氏佳城說

嘗聞佳城之設所以妥先靈非為稽後計也心齋王先生之見及此乃擇范公堤之東空地一畝計三十畝平原廣闊無衝突無缺陷運鹽海河遶於北義阡東寺峙於南煮海居民列於東本場街市列於西沙水護衛形勝抱絡名哉天造地設以待德福兼隆者乎卜焉既藏乃扶守庵公厝於中先生兄弟七人依長幼東西對列後築土山二層藏聚風氣前建石坊一座雄壯觀瞻先達波石徐公題其坊曰守庵王公父子兄弟之墓體先生骨肉一堂之意也先生五子咸居斯城之西北承歡膝下依然在目海上之幽宅就踰於此愚素慕之親謁瞻拜徘徊眺望竊為之說曰先生佳城盛矣繼其後者祭掃封塋尚惕然思憣然悟求以培墓之根本增墓之光榮乎然所以培植而增益者無他惟尊五美屏四

惡而已矣何謂五美

國朝聖諭云孝順父母尊敬長上和睦鄉里教訓子孫各安生理此美之保身保家者也何謂四惡海上邇來漸俗結黨鬬狠巧術娼賭把持詞訟悉羅非爲此惡之喪身亡家者也五美尊之四惡屏之則斯墓也所培植而增益者無不至矣不爾則凡過斯墓者咸嘖嘖曰後人濟惡不才先世獨不陰佑默相耶噫祖宗子孫一脈相傳者也先祖匯人胡寧忝乎第後人并爲不肖安於下流雖聖祖賢宗亦末如之何矣吾願先生之後繩其祖武永世克昌明無人非罔無忝貴可也詩云宗子維城無俾城壞當三復於斯云新安私淑門人陳纓拜識

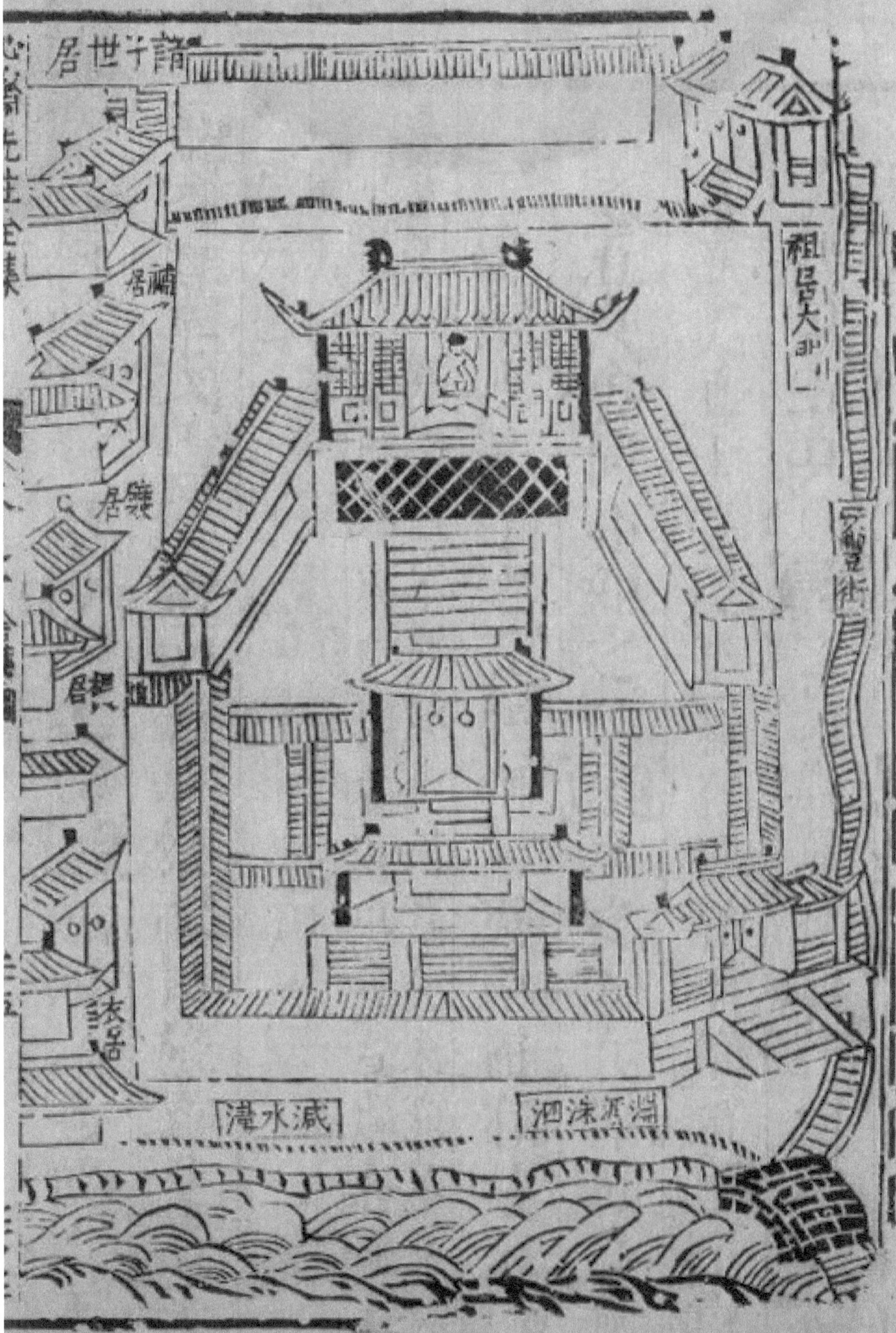
心齋先生全集
諸子世居
祖居大門
減水港
淵源洙泗

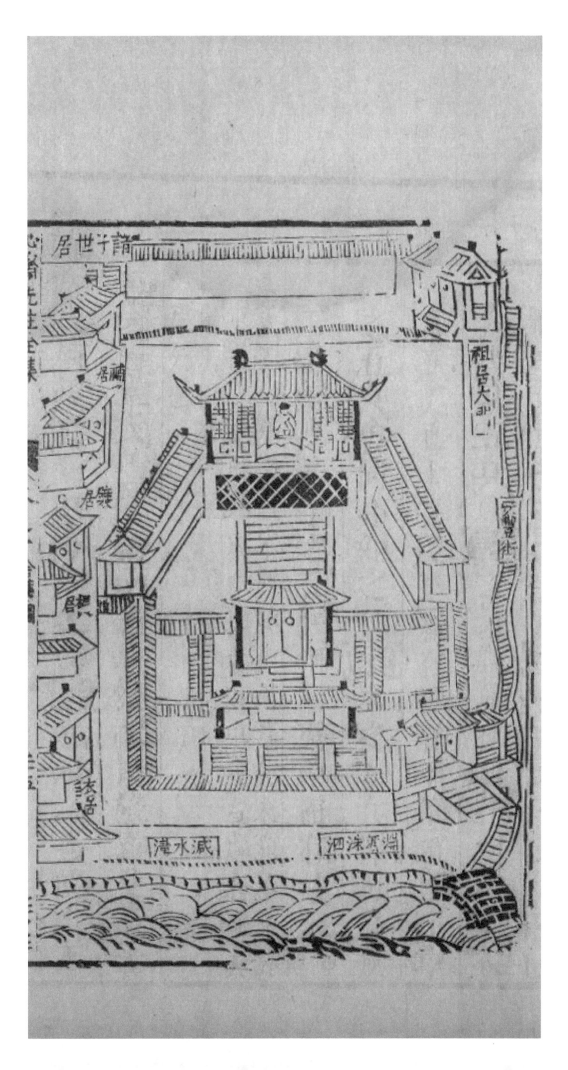

祠堂始末事狀

先師家安豐揚嘉靖丁酉延鹽察院覺山洪
公按揚謂先師門人四集而無會所欲爲構
書院固辭之先師舊宥園一所堂三間門人將
林東城出銀十兩倡門下諸友量出有差將
事振恭　覺山公聞之發助無得官銀九十
兩增盖講堂三間東西接房各五間堂前有
門門外有池池上有橋欹折橋而東以通太
門祖以竹木環以周垣題曰東淘精舍東爲
者安豐之別名也爽于先師疾終時　象圖
胡宗師按揚延鹽門人請祠祀先師公即
精舍故作祠堂第安豐去州治百二十里
司既爲道遠所隔而揚官又非主　祭之人
命于孫門人春秋致祭去年丙午　午山
宗師別欲作祠於州以明祀典尋以業遷
給准本州劉知州申義用銀四十兩買附
祠田頃二十畝付子孫以供祭品每春秋
町後遣有司或教官一員往主其祭令蒙

胡宗師復有再建州祠之命尚未及成然安豐岡先師根本之鄉朋友聚學之地前後諸公作興盛典與之表揚而先師學術之正派脉之眞亦必有待名言然後可以示來學垂不朽也嘉靖丁未春門人王棟戴邦謙狀

東淘精舍小引

兩淮泰州安豐場別號東淘吾先子桑梓在焉去泰百有餘里

武廟改元先子倡明此學謁

文成公而師之信從者衆鹽法洪公搆書院三楹居四方來學之士扁云東淘精舍先子逝後督學胡公改書院爲精舍祠置祭田春秋特祀

今上癸未分司蔡公毓吾肖先子像于祠中其左右配享則後周公海門氏之特典也續置園田八畝供配享祀事給券未云如有豪强侵奪就此呈理若子孫擅自賣廢追奪還官噫嘻深哉周公給券之意乎豈徒令土豪奸

心爾也守是祠者尚思祖宗倡學之心當道
作興之意奮然振拔卓然樹立期爲孔之徒
曾之西與無忝爾祖而上人嘉惠後學者永
垂不朽矣垣不肖何足爲家人法第蚤夜以
思有深憂亦有深懼敬陳圖末以致相勉之
意云萬曆丙午冬、三世宗孫王之垣謹識

以上精舍舊址吾先太父東塽子居環于西
東隅東臣東日三叔祖環居西北今僅存東
隹祖居而餘皆丘墟矣恢復之舉不無望于
後人云萬曆辛亥冬、四代宗孫王元鼎識于
三水纂譜宗舍

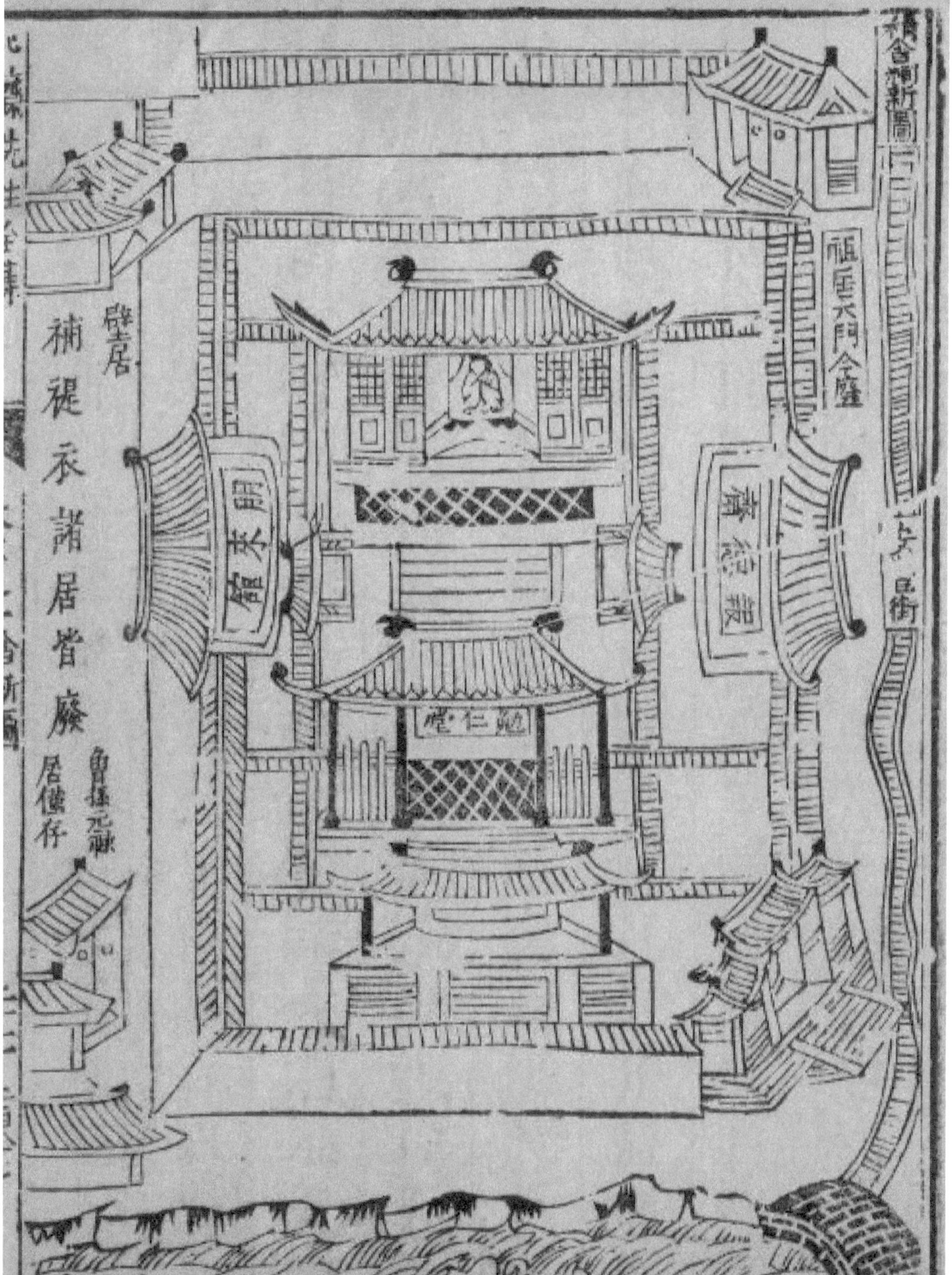
心齋先生全集
壁居
補禔衣諸居皆廢
居僅存

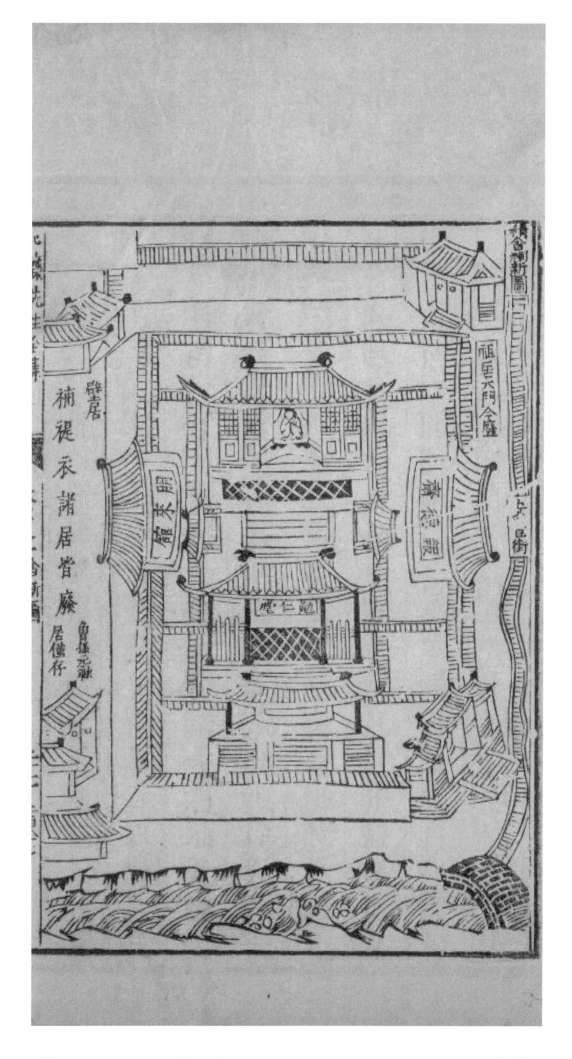

舍圖新舊辯

四代宗孫王元昺曰東淘有精舍吾先子講學之書院在焉王戴二公爲之狀先大人爲之引愚小子復析其圖者示辨也舊改舍爲祠者仍講學之故址無可私臆于其間者也未幾傾圮日久墻垣悉廢兩廂拔房倒塌不堪而寢失其故吾矣賴 鹽法使者彭公端吾親臨修整前撤三門追建勉仁堂撤舊披房爲報德齋朋來館若干楹乃先泰州而爲之者也初易之衆頗滋議迨樂成而後煥然聿新夫亦例爲之考與紀于末

報德齋考

設是齋之旨陳同卿爲之說于吳陵矣而愚小子復申之者何蓋揚祠誠先子桑梓所在發軔所遺也其久而彌光者賴諸當道作興之盛德纚纚勿替也奈之何不溯其源以崇其報毋乃前人嗜德後死忘焉不仁孰甚爲我孫子不憬憬然乎惟是各立木主報建精

舍一人則　臨臺洪公垣交薦二人則　巡
撫劉公節　巡按吳公悌祀鄉賢啟專祠一
人則　督學胡公植置祭田三人則　撫臺
王公宗沐吳公桂芳　督學馮公天馭肖像
一人則　運判蔡公文範特建門樓一人則
場司蘇公大受重脩二人則　運判周公汝
登　鹽臺彭公端吾共計十一人以時稱報
歲有常儀舉而行之倣諸泰祀凡我子孫敬
承勿墜

朋來館紀

東淘吳陵地葢相去而朋來一也在泰曰議
乃謀以竟其志而茲曰紀者直書其事也爲
之設榻置餼屬諗叔主之此猶未耳愚小子
竊勉之曰不患朋之不來而患壽樂之所在
夫苟立孔子思之志明格物之旨斯門內有
君子門外君子至屨幾不愧先子于地下也
是爲
紀

者坤之德臣之道也合多而成規者其弓剛合少而成規者其弓柔○按鄭氏弓人注云材良者句少

凡祭祀共射牲之弓矢○

疏 射牲示親殺也殺牲非尊者所親惟射爲可國語曰禘郊之事天子必自射其牲澤共射椹質之弓矢○

疏

附報德齋祝文

惟烈公台輔之器賢哲之心表揚先哲佑啓
後人今當某祭惟德惟馨謹以牲醴用申虔
報

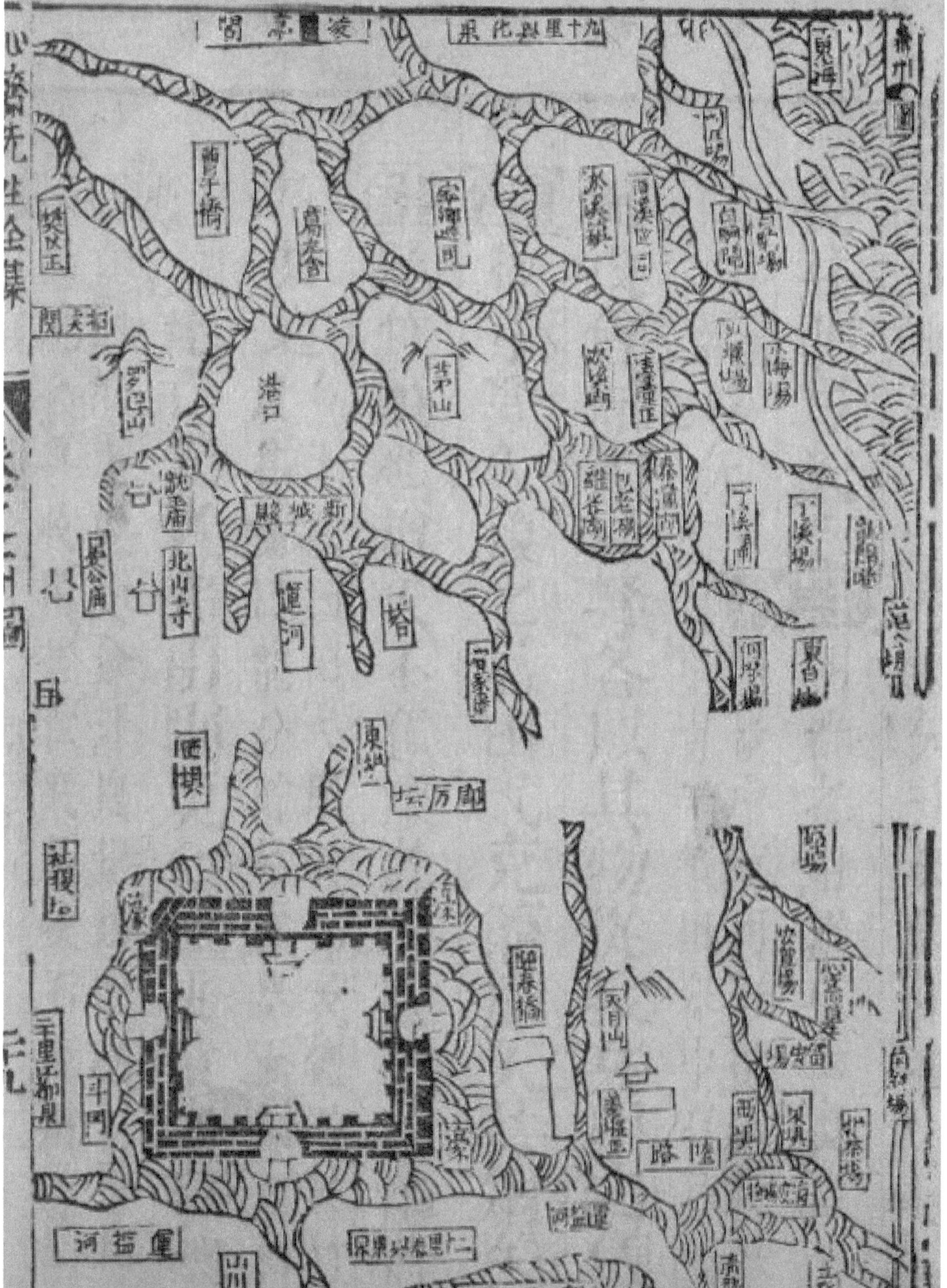
九十里興化界
港口
茅山
運河
北山寺
社稷壇
運鹽河
陸路
山川壇
運鹽河

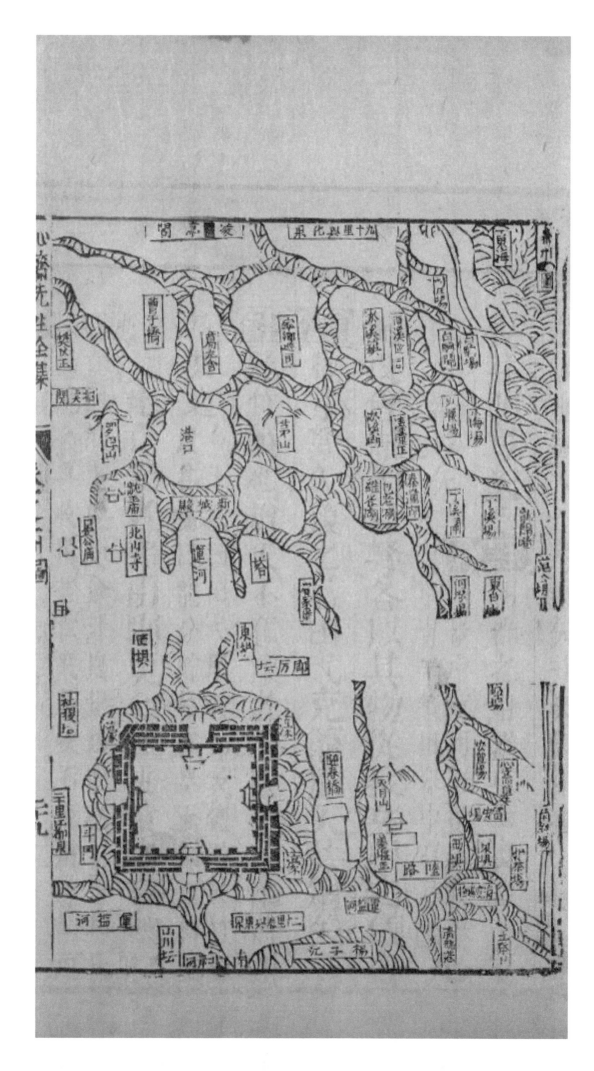

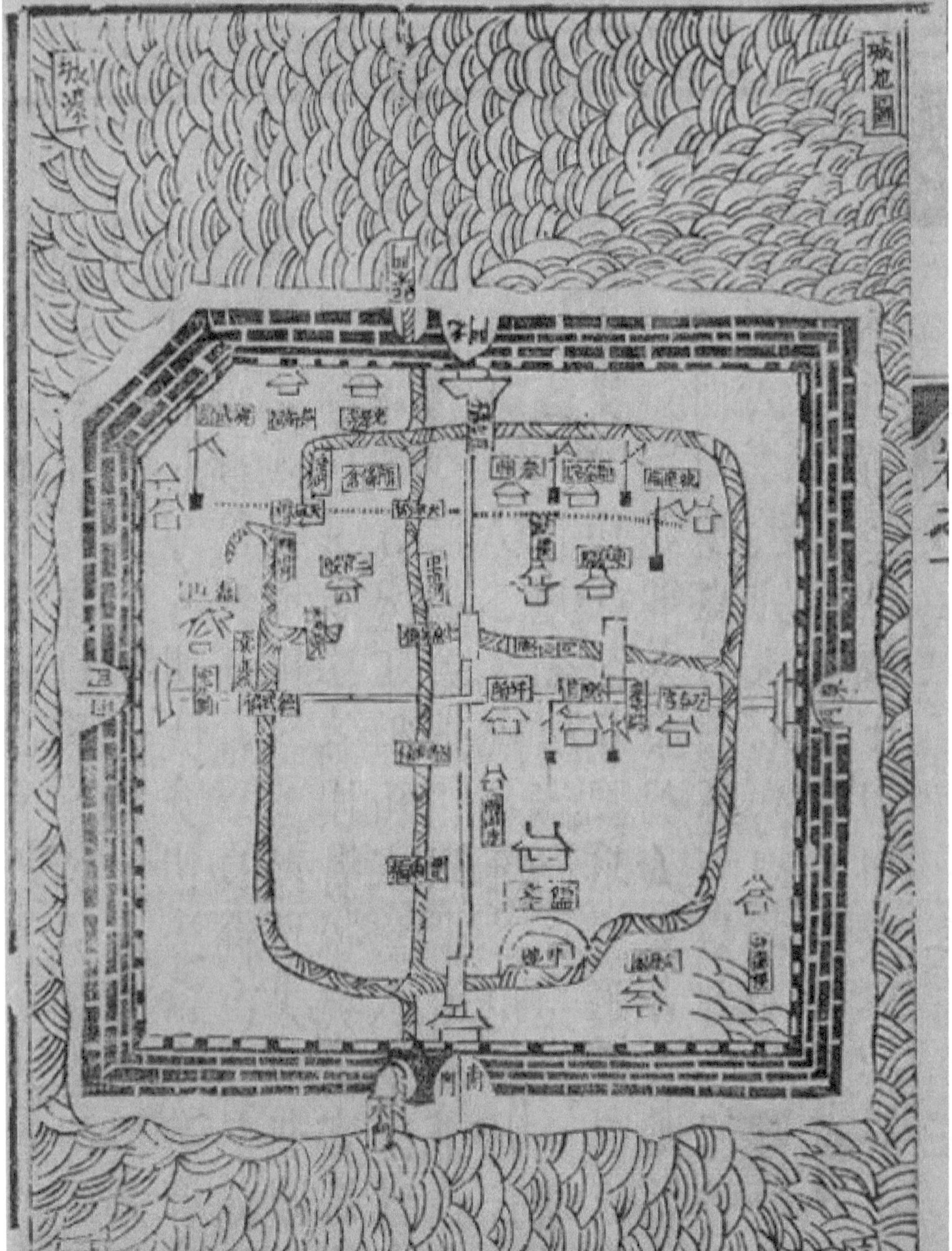
城池圖
城濠
城濠
濠

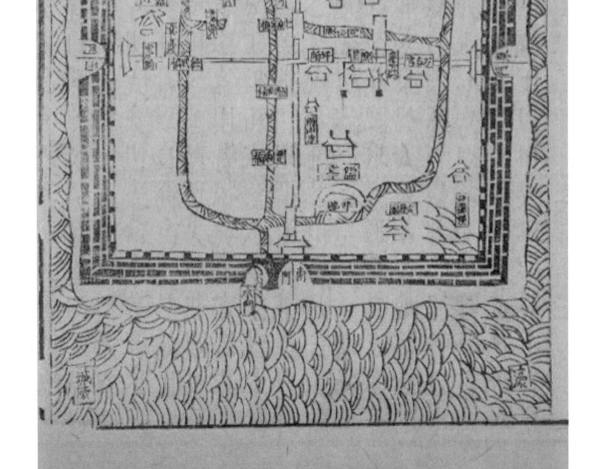

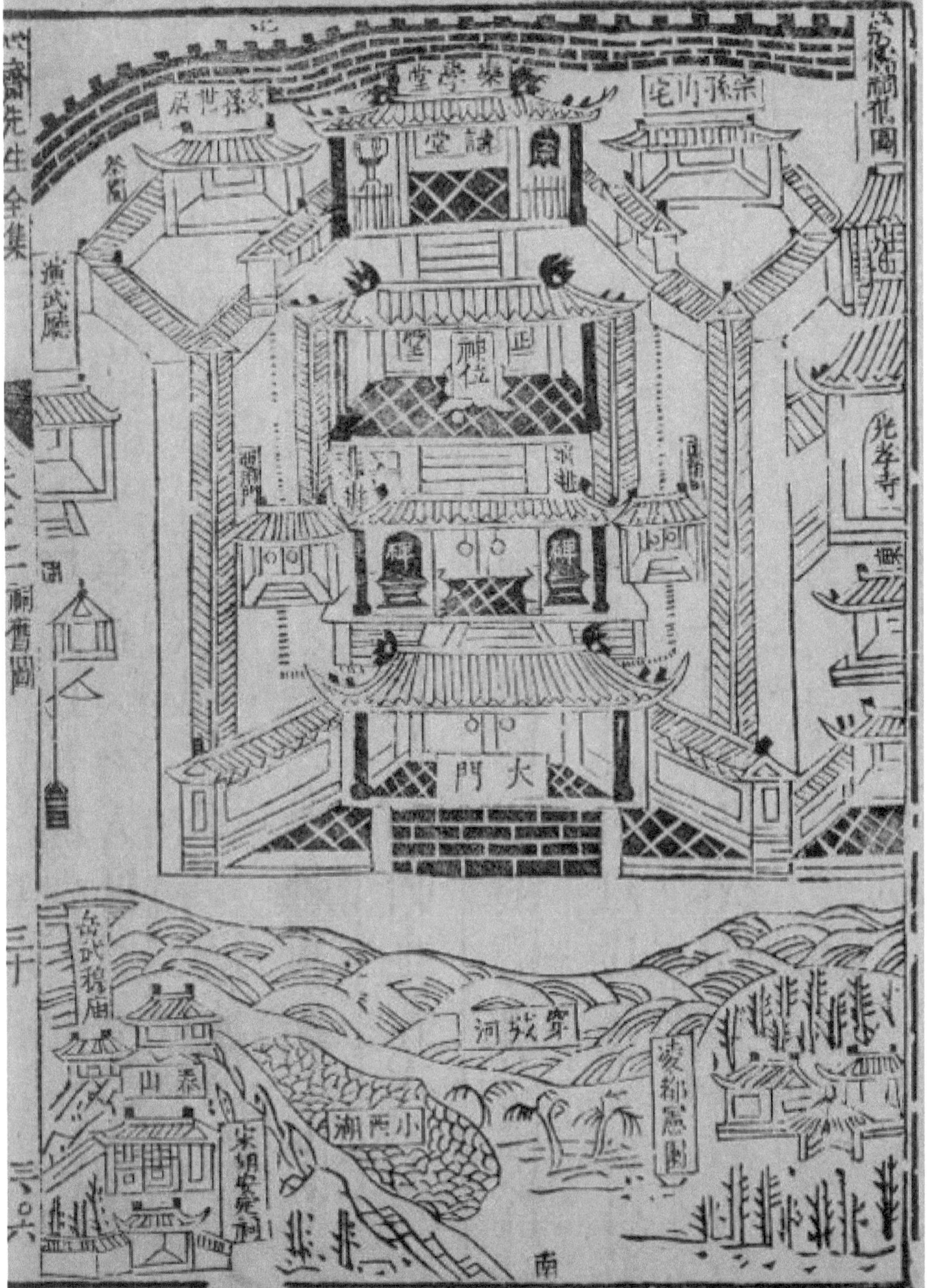
竹齋先生全集
卷之二
祠舊圖
三十
樂學堂
文孫世居
宗子小宅
演武廳
正神位堂
大門
光孝寺
岳武穆廟
泰山
小西湖
宋胡安定祠
南

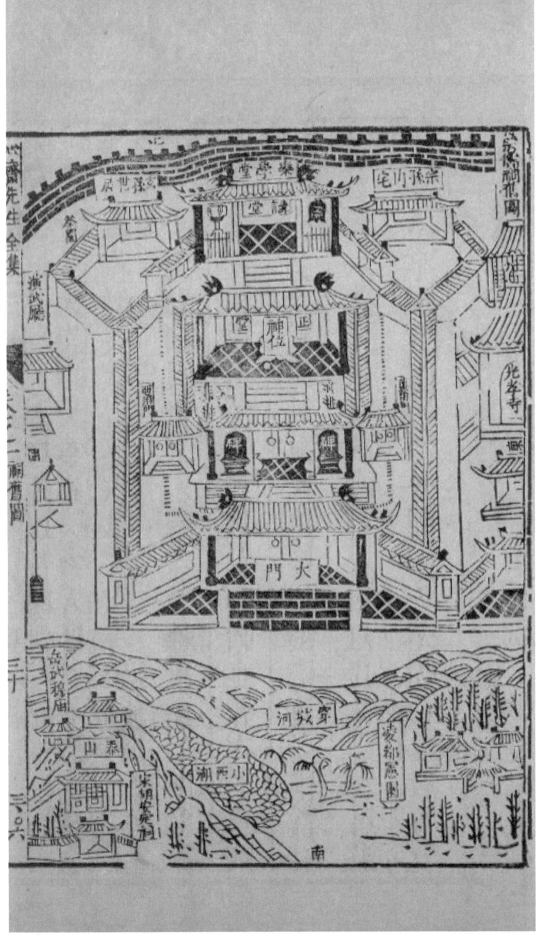

崇儒祠小引

萬曆丙子兵憲程公小蒲體中丞耿公天臺之德意建先生祠於州城之西凡三楹門垣整飭正堂扁云樂學堂發孔顏之心訣也大門扁云崇儒祠遵萬古之正脉也厥旨微哉泰和蕭氏景訓畫心經畫貽謀久遠申呈云本州捐金建祠既隆一方之盛舉得人承祀攸關後代之禮文任用既宜於慎始供需當要於有終勸得本祠爲儒者之居非緇衣黄髮之流可以灑守徭編有一定之數其加增編派之類難以速行況王氏子弟素稱謹厚以全祠而付之其愛惜也必至兼本州民田今多典賣得數畝而耕之其取給也有餘合無罣附廟田并以其祠托王氏則先生廟食之需可安享萬年而嘗道作典之義亦永保無斁矣遂買祠後僧人園田六畝南山寺西民人園田十畝給券付長孫王之垣收租供祭傳至曾孫于元爲門世守焉南兵部右堂耿

公叔臺撫院丁公改亭相繼修葺誠斯文之
光也祥詢先生祠而私淑之躬逢盛舉不勝
忻躍猶歎何哉先生乃振古英豪故足繼孔
孟正傳而當道作興羽翼則延洙泗之一脉
寧有既哉敬志之以垂不朽
萬曆丁未春徽郡門私淑門人光庭陳履祥識

新舊圖說

吉靈居士陳應芳曰祠一也而圖以新舊分
非好事者故為紛張也乃時勢之自然耳其
初祀先生于守堂後為樂學堂二門東西分
二角門以待士夫之講習項州大夫吳公道
立以當道謁臨者環角門而進謂聚講之下
便于是移先生于後寢改中堂為樂學堂塞
兩旁角門俾進祠者由升堂而入室頗善府
推徐公鑾小司先生像督學使者楊公廷筠命
曰先覺堂而祠議徐定焉東為纏武居西為迸
守宅則兩廿丞耿丁氏重新意也又先生西
代孫元昂氏創崇先啓後之特典改涼角門
爲報德齋西角門爲朋來館而崇儒之業一
新夫是以爲之考與謙于新圖之後

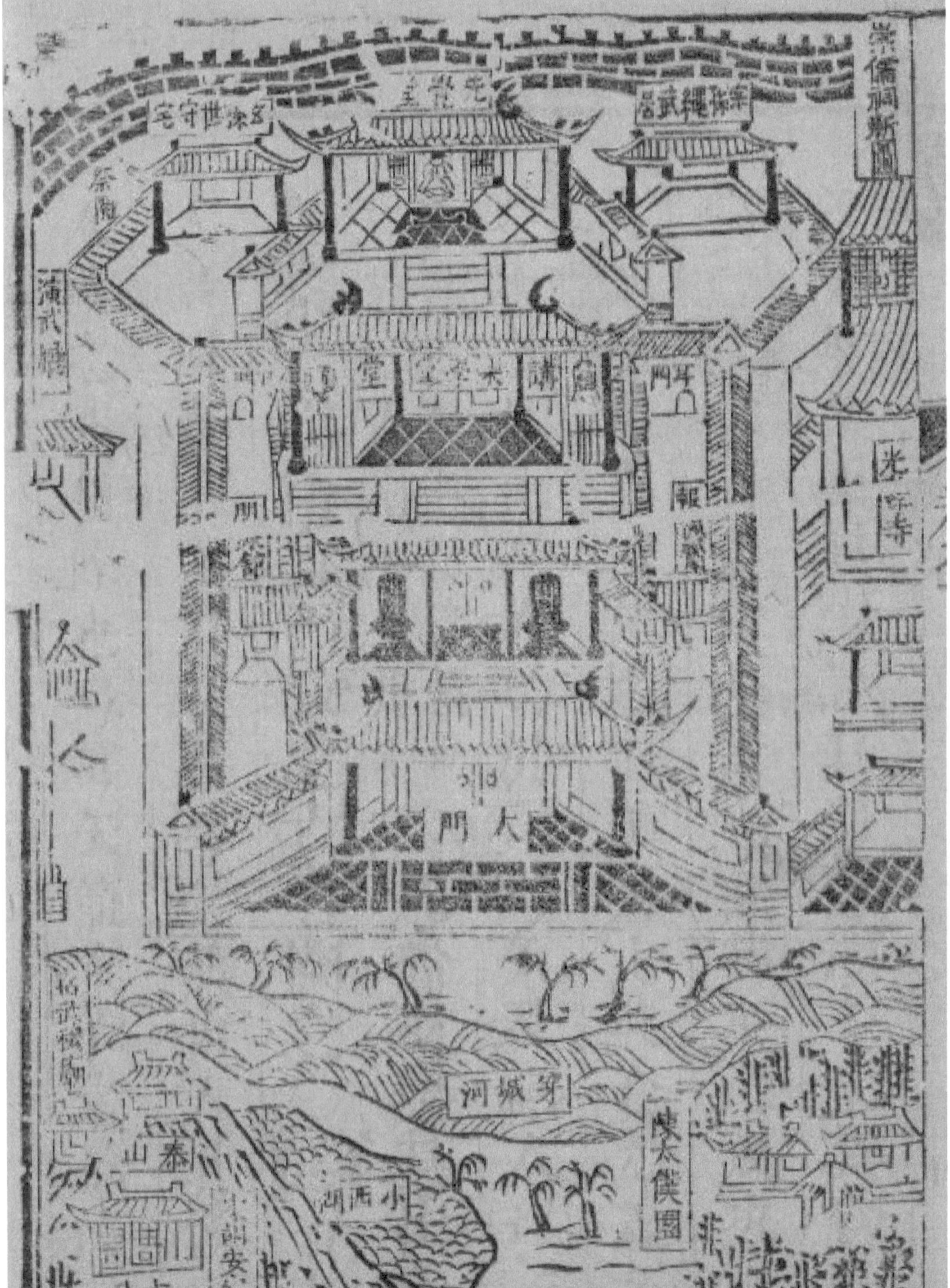
崇儒祠新圖
大門
穿城河
陳太僕園
小西湖
泰山

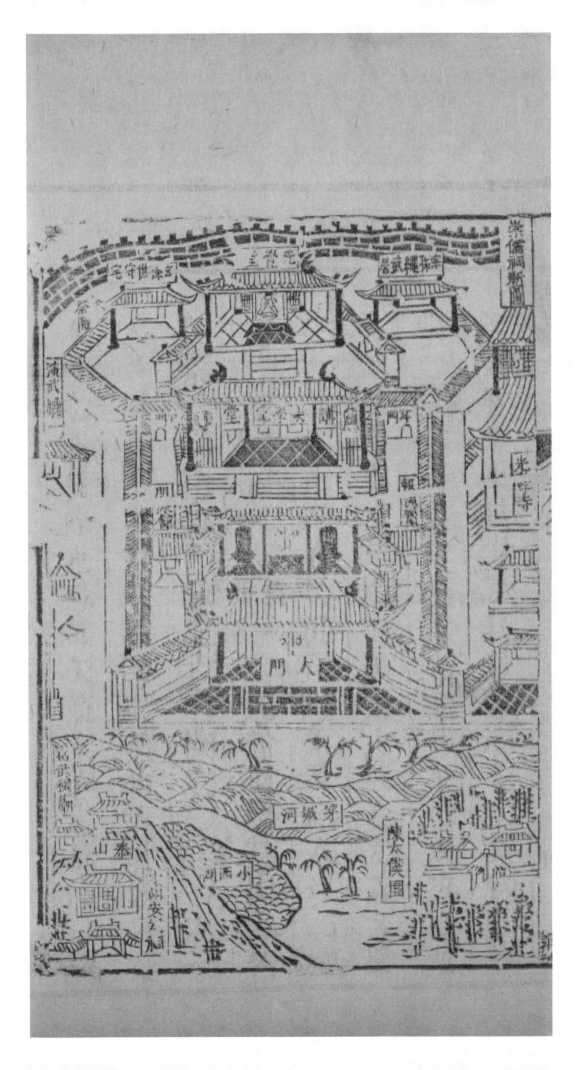

脩報德齋考

齋名報德乃王氏子孫不忘德之設也先生泰祠當道嘉惠多遠年所授其志同道同[illegible]建特脩若爲之木主食報于中每歲春秋時祭祫祀建祠置祭田三人則戶部尚書耿公定向　淮揚兵憲程公學博　州守大夫蕭公景訓協建祠一人則郡　都憲凌公儒肖像一人則　節推徐公鑾重脩一人則兵部侍郎耿公定力共計六人已往者祀以神位見在者供以長生摠之不敢忘報之意云

宗儒朋來館議

先生樂學主于悅心而朋來共證樂學之倡也一庵子嘗言曰莫把詞章佚聚樂須將道義結同盟是館之設殆謂是歟于中設陳榻具孔顏先生曾孫元鼎氏實主其盟願四方有志之士同宗尚義之人來此講學論道考德問業一切博奕游徒所當屏之門外是在主盟者謂何耳至于迎來供贍之需俟之同

志當道權之本族宗會其衆萃也夫

萬曆丁未秋郡後學陳應芳識之樂學堂中

祭器圖

籩十九竹為之以薦果蓏各四升泰州儒學學正高丘王立志置數十

豆十六木為之以薦葅醢各四升曾孫元鼎置數十

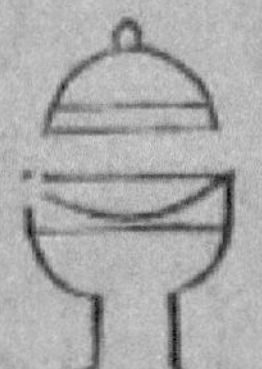

登如豆以薦大羹容一尺八寸高二尺四寸丹置數一

簠外方内圓盛稻黍稷之器數二

簋内方外圓盛稻黍稷之器數二

罍酒器刻為雲雷之象以黃金飾之數二

爵酒器可受一升上兩柱取飲不盡之意以戒貪過也銅為之三宗孫之恒置

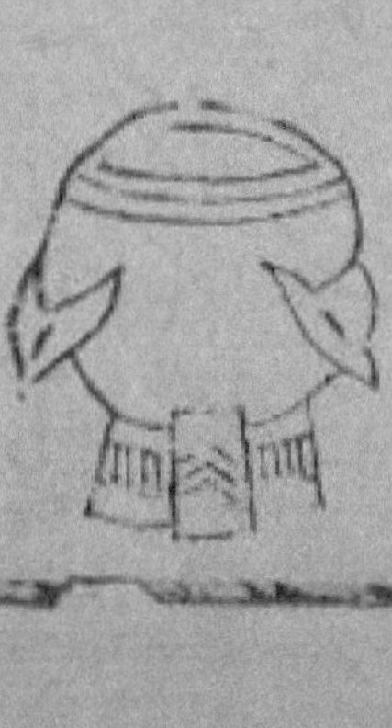

洗注水以盥其器時用為之曾孫元鼎置數一

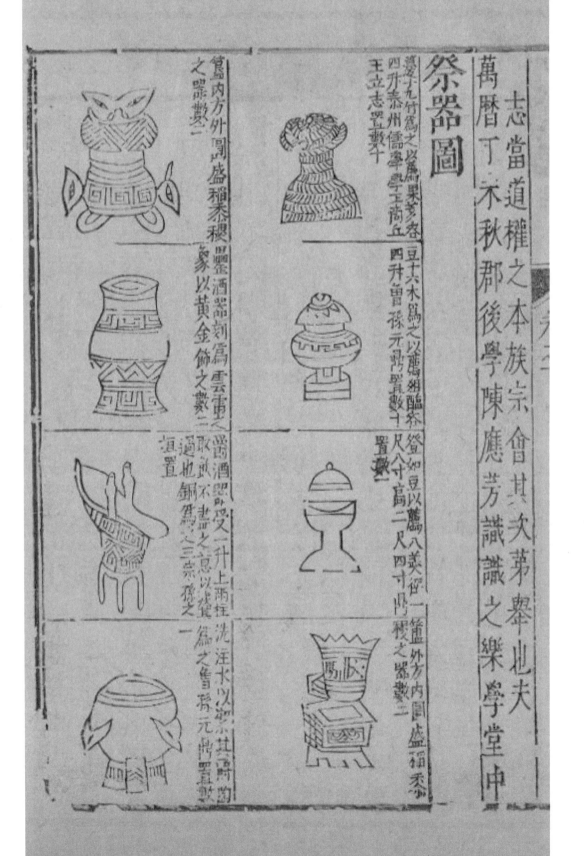

勺以銅為之酌酒于爵也爲門置數一

祝板垣置數一

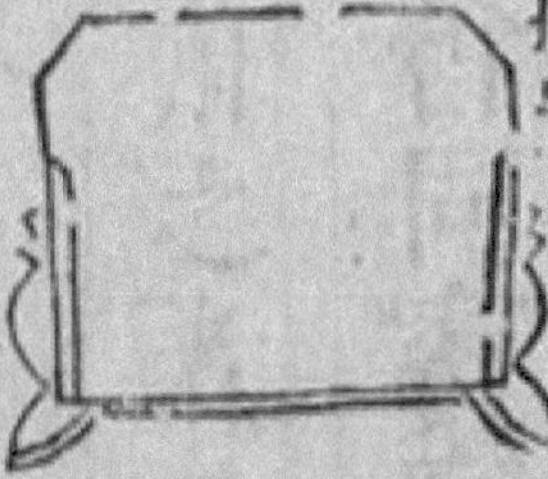

供桌垣置數一

帛篚垣置數一

鍾 銅為之頒郡縣 郡縣可置

鼓一私淑門舍唐獨置

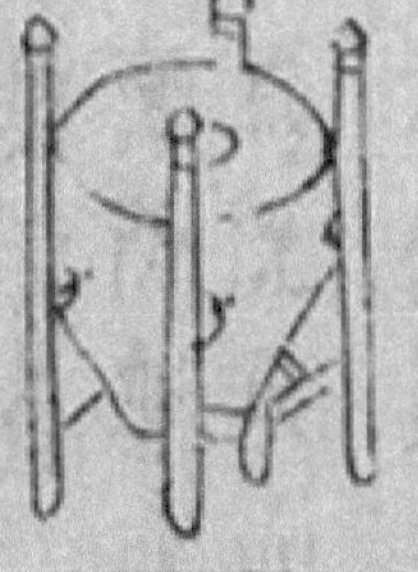

俎 木為之以載牲體今以大盤代之即俗所大方盤是也

磬 石為之郡置

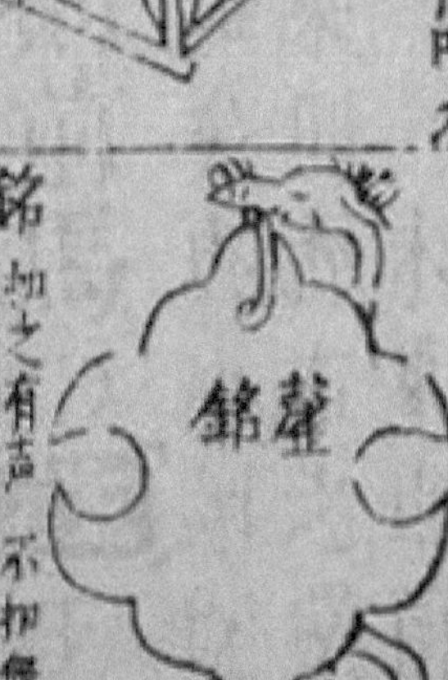

銘曰 大扣大鳴 小扣小鳴 依彼石磬 且越且清 玉振金声 千古同音

鐘一 鐵為之唐置

銘曰 扣之有声 不扣無声 惟其無声 是以有声 求聲於声 ?耳來聽

先生祠用春秋仲月上丁後二日釋菜依督學耿公憲副程公郡侯蕭公議定禮儀用籩十九俎爵三獻其若豆登鉶簠簋等先生分可以兼之但制未考數未備以俟後之君子

謀梓遺集尺牘 舊稿

門人董燧寄伯子王衣仲子王襞 其一

曩約　師尊遺集不知今與　圖翁作何擬議日望未見音示或商訂尚未定耶或阻絕於兵戈爾仰　師尊立本之學通天下傳萬世自愚夫愚婦以至聖人可措之日用常行不費氣力凡夫可造神妙者此也孔孟的脉何以踰此雖不假文字而道自在但今見而知者有限聞而知者有多又不得其真也以故

海內有志之士咸以不見全書爲恨爲此似
不容不傳也煩兄與　圖翁留意留意能同
過武彞共一訂之尤玅弟考滿當在明秋稍
遲恐不及矣

門人張峯寄王衣王璧　其一

生處　師門極承　至愛旣不能共襄大事
踰年而後走弔罪不容逭況復辱　賜教何
敢當竊以　師之特起東海悟孔孟不傳之
秘雖其道未能大明於世豈容以不傳於天

下後世哉顧　師旨不以言語爲教然變禮存羊世必有與焉者也夫語錄固嘗面致意焉但　師生身出處還須詳錄一冊以備年譜如　師某年生二歲何如三歲至九歲十歲何如某歲自悟爲學其詳何如某歲見陽明夫子於某處聞良知之教其詳何如某歲造車適　京師其詳何如某歲遭內臣某取鷹事其詳何如某歲何以濟荒某歲悟格物之學某歲遭喪某歲卒其中凡有所知者

一一書之以俗纂備此其至要兄可急記之
則凡爲傳爲銘皆有稽焉生至任必差人來
取千萬加意

又寄王襞 其二

先師遺稿及　諸祭文今已將入梓請兄速
將各原本親過江浦一面訂之庶無後悔更
語錄及詩文有可錄者收拾持來專候此實
吾兄至孝之實行決不肯草草者

其三

先生語錄前與竹山畧有定本但未爲完備須補其所未及乃成全書可以傳也還約親訂何如生更無別本請即發之

其四

先師教錄向已入梓矣近蒙踈山公重加校正其中未免有去留此公於　先師甚是尊崇餘當面論

又寄王衣等 其五

先師遺錄已刻完先送十部存覽其序文難

有作者姑俟圖之以二　奏疏而爲編首蓋
趙大洲意也然　先師能言者亦惟大洲
南翁師祠記當倚書催請之不盡
門人徐樾寄干衣等
仰愧　師門未能身明此學以大行於天下
以繼　先師無一民不明不覺之志且久貧
銘狀之委未能慰二兄孝子之心一則愧不
能賛　吾師之美一則以　吾師之學闡於
繼往開來毎臨文疎懼未引筆而長歎也其

誒之哉與海內豪傑同入聖域登 尼父堂
明 先師學庶其無謬也二兄亮于衷哉予
亦日孜孜也

又寄王衣等其二

承委 老師銘狀諸事翁具狀趙大洲爲銘
王龍溪作傳更請東郭公表墓道也此皆翁
輩責任兄無累念也

初刻譜錄姓氏 板藏東淘王宗順宅

門人六八

吳　標布衣　王汝貞布衣　羅　揖布衣

董　高郎中　薛　靜給事中

子五人

王　衣　王　襞　王　褆

王　補　王　褣以上俱布衣

孫二人

王之垣廩生　王之翰奉祀

刻粹語後學一人板藏蔡衙

蔡國賓兵道

初刻遺録于江浦板藏本縣官署

繼刻于義陽書院板藏書院

門人一人

張峯知縣

重刻年譜語録板藏吳陵金宅之垣宅

後學四人

程珩憲副　劉芙貢士　朱儀望提學

鄭人達知縣

門人四人

董燧知府　聶靜　吳標

王貞諸生非汝貞

三刻遺錄于姜堰鎮[illegible]板藏家宅

王棟學正

四刻譜錄於海陵板藏崇儒祠

後學二人

吳一栻揚州府推官　陳仁泰州知州

孫一人

王之垣貢士

五刻今集于海陵板藏崇儒祠宗孫宅

後學四人

耿定力兵部侍郎麻城耿天臺弟　丁賓操江御史浙江嘉興人

焦竑編修南京人山東日照籍　陳應芳太僕寺少卿本州人

蔣如華本府清軍廳同知山東益都縣人

王元昂諸生

曾孫一人

心齋先生全集卷之一終

重鐫心齋王先生全集

楚黄　耿定力
檇李　丁賓　仝梓
秣陵　焦竑
海岱　蔣如華　仝校

四代孫王元鼎五代孫王翹林仝輯

年譜　附出處事蹟

先生諱艮字汝止隸揚之泰州安豐場人其先伯壽自姑蘇徙居生國祥國祥生仲仁為場百夫長生文貴文貴生公美傳公美生處上紀芳玨別號守菴古朴坦夷里中稱為長

者母孺人湯氏佐理閨閫甚有法度訓誨諸
子至今凜然先生身長九尺隆顙修懼骨時巉
貌古有肉珠在掌左一右二如分陰陽時時
起伏不息若與氣機相爲升降者人咸異之
先生嘗于宅之後圜築室僅方丈時宴息其
中悉心究學自號心齋創冠服蒲輪等制行
于世其後四方學者稱心齋先生云存日撫
按劉節吳悌交薦于
朝
後門人徐樾張峯董燧聶靜私謚文哲又謚
文貞先生韓世能蕭景訓田大年張位沈一
貫王士性交請從祀孔廟待謚于
朝
明憲宗純皇帝成化十九年癸卯六月丁丑先
生
生是爲六月十六日巳時也
孝宗敬皇帝弘治二年己酉先生七歲

受書鄉塾信口談説若或啓之 塾師無能
難者
六年癸丑先生十一歲
貧不能學辭塾師就理家政
九年丙辰先生十四歲
母孺人湯氏卒
居喪哭泣甚哀
十四年辛酉先生十九歲
客山東

奉守菴公命商遊四方先生以山東闕里
所在徑趨山東
十五年壬戌先生二十歲
親迎孺人吳氏
十六年癸亥先生二十一歲
先生家居經理財用始事時人多異之及
措置得宜人復以為不能及自是先生家
日裕遂推其餘以及隣里鄉黨
十八年乙丑先生二十三歲

客山東

先生有疾從醫家受倒倉灋既疾愈乃究

心醫道

武宗毅皇帝二年丁卯先生二十五歲

客山東過闕里

謁先師孔子及顏曾孟諸廟瞻拜感激奮

然有任道之志歸則日誦孝經論語大學

置其書袖中逢人質義

冬十二月丁酉子衣生

三年戊辰先生三十六歲

冬十一月

守菴公以户役早起赴官家方急取冷水盥面會先生見之深以不得服勞為痛遂請以身代役自是於温凊定省之儀行之益謹

四年己巳先生二十七歲

默坐體道有所未悟則閉關靜思夜以繼日寒暑無間務期于有得自是有必為聖

賢之志

六年辛未先生二十九

先生一夕夢天墜壓身萬人奔號求救先生獨奮臂托天而起見日月列宿失序又乎自整布如故萬人歡舞拜謝醒則汗溢如雨頓覺心體洞徹萬物一體宇宙在我之念益真切不容已自此行住語默皆在覺中

題記壁間

先生夢後書正德六年閒居仁三月半於
座右時三月望夕即先生悟入之始
冬十一月壬申子璧生
七年壬申先生三十歲
築斗室於居後
暇則閉户坐息其閒讀書考古鳴琴雅歌
九年甲戌先生三十二歲
先生講説經書　自得不泥傳註或
執傳註辯難者即爲解説明白族長者知

先生有志天下每以難事試之立為辨析及各場官民遇難處事皆就質于先生先生為之經畫不爽毫髮

十年乙亥先生三十三歲

家日繁庶先生總理嚴密門庭肅然子弟於賓客不整容不敢見

十一年丙子先生三十四歲

是年諸弟並畢婚諸婦粧奩有厚薄者門内譁然先生一日奉親坐堂上焚香座前

召諸昆弟誡曰家人離起于財物不均令
各出所有置庭中錯綜歸之家衆貼然

十二年丁丑先生三十五歲

徹神佛像祀祖先

里俗家廟多祀神佛像先生告于守菴公
曰庶人宜奉祖先守菴公感悟遂祭告而
焚之因按文公家禮置四代神主祀焉守
菴公性復喜獵間張網溪上取鳫日獲十
餘先生幾諷之公焚其網縱鳫飛去適守

菴公患痔痛劇先生徬徨侍側見血腫以
口吮之守菴公瞿然曰兒何至此痔尋瘥
人以為孝感所致

作孝弟箴

略云事親從兄本有其則孝弟為心其理
自識愛之敬之務致其極愛之深者和顏
悅色敬之篤者怡怡侍側父兄所為不可
不識父兄所命不可不擇

十四年己卯先生三十七歲

江西宸濠亂　武宗南巡駐蹕維揚所過騷動遣嬖幸佛太監神總兵沿海視獵塲至富安場校尉及先生門索鷹犬急守菴公懼詣先生曰兒勸我毀神佛今神佛禍作奈何先生曰大人無恐天之所佑者善也何禍為明日策馬偕校尉執贄往見神佛以安守菴公佛曰鷹犬安在先生曰里中失獵久矣何問鷹犬佛曰　朝廷取鷹犬能禁弗與耶先生曰鷹犬禽獸也天

地間至賤者而至尊至貴孰與吾人君子不以養人者害人令以其至賤而貽害于至尊至貴者豈人情乎佛聽其言色動乃令先生往來趨步而熟視之顧謂神曰疇昔之夜所夢異人非耶延先生坐與語甚歡抵暮先生以父恐辭歸佛喜曰君孝子也厚遺以遺約旦日早來會及旦先生往佛復喜曰君信人也遂與俱獵時師行凍餒有司供奉不能給軍士有道殍者人情

洶洶先生以善言語佛宜勸
主上早旋蹕以安天下遲回海上
主上必心動而致疑脱乘輿一旦卒然臨之何
以備驅逐佛爲感動罷獵因强先生謁
上可得柄用先生委曲決辭以歸歐陽南野德
聞而歎曰立談之頃化及中貴予不及心
齋遠矣
製冠服
一日喟然嘆曰孟軻有言言堯之言行堯

之行而不服堯之服可乎於是按禮經製
五常冠深衣緇絰笏板行則規圓矩方坐
則焚香默識
書其門曰
此道貫伏羲神農黄帝堯舜禹湯文武周
公孔子不以老幼貴賤賢愚有志願學者
傳之
夏五月　子禔生
十五年庚辰先生三十八歲

時陽明王 公講良知之學于豫章四方學者雲集先是塾師黄文剛吉安人也聽先生說論語首章曰我節鎮陽明公所論類若是先生訝曰有是哉方今大夫士汩沒于舉業沉酣于聲利皆然也信有斯人論學如我乎不可不往見之吾將就其可否而無以學術誤天下即買舟以俟入告守菴公公難之長跪榻前至夜分繼母唐孺人亦力言于公乃許之行得命即起拜登

舟舟中方就枕遂夢與陽明公拜亭下覺曰此神交也舟大江會江寇掠舟中先生揖寇聽取其所有寇見先生言動乃捨去抵鄱陽阻風舟移日不得行先生禱之輒風起既入豫章城服所製冠服觀者環繞市道執海濱刺以通門者門者不對因賦詩為請 詩曰抵陋愚蒙住海濱依書踐履自家新誰知日日加新力不覺腔中渾是春 聞得坤方布此春告違良地

乞斯真歸仁不擇三千里立志惟希一等人去取專心循上帝從違有命任諸君磋磨第愧無胚朴請教空空一鄙民陽明公聞之延入拜亭下見公與左右人宛如夢中狀先生曰昨來　夢拜先生于此亭公曰真人無夢先生曰孔子何由夢見周公公曰此是他真處先生覺心動相與究竟疑義應答如響聲徹內外遂縱言及天下事公曰君子思不出其位先生曰某草莽

匹夫而堯舜君民之心未嘗一日忘公曰
舜居深山與鹿豕木石游居終身忻然樂
而忘天下先生曰當時有堯在上公然其
言先生亦心服公稍稍隅坐講及致良知
先生嘆曰簡易直截予所不及乃下拜而
師事之辭出就館舍繹思所聞間有不合
遂自悔曰吾輕易矣明日復入見公亦曰
某昨輕易拜矣請與再論先生復上坐公
喜曰善有疑便疑可信便信不為苟從予

所甚樂也乃又反覆論難曲盡端委先生心大服竟下拜執弟子禮公謂門人曰吾擒宸濠一無所動今却為斯人動居七日告歸省公曰孟軻寄寡母居鄒遊學于魯七年而學成今歸何亟也先生曰父命在不敢後期先生既行公語門人曰此真學聖人者疑即疑信即信一毫不苟諸君莫及也門人曰異服者與曰彼法服也舍斯人吾將誰友先生初名銀公乃易之名艮

字汝止歸七日先生復欲往豫章守菴公以阻風遇盜途中已兩見之難其行先生曰為善必吉誠可動天某此行自有神護族長老亦設故以難先生曰汝言誠可動天今天日方晴汝能禱雨以證汝父必許豫章可往也先生即齋心焚香以情告天出過鹽倉見鹽使曰急收藏無緩午當大雨停午果雲起雨下如注族長老異焉守菴公亦忻然許之遂如豫章

復往豫章過金陵

是年先生復入豫章過金陵至太學前聚諸友講論時六館之士具在先生曰吾為諸君發六經大旨夫六經者吾心之註脚也心即道道明則經不必用經明則傳復何益經傳印證吾心而已矣六館之士皆悦服大司成汪咸齋聞先生言延入質問見所服古冠服疑其為異乃問先生曰古言無所乖戾其義何如先生曰公何以不

問我無所偏倚却問無所乖戾有無所偏倚方做得無所乖戾出汪公心敬而憚之

世宗肅皇帝元年壬午先生四十歲

時陽明公以外艱家居四方學者日聚其門道院僧房至不能容於是先生為構書院調度館穀以居而鼓舞開導多委曲其間然猶以未能徧及天下一日入告陽明公曰千載絕學天啓吾師倡之可使天下有不及聞此學乎因問孔子當時周流天

下車制何如陽明公笑而不答既辭歸製一蒲輪標題其上曰天下一箇萬物一體入山林求會隱逸過市井啓發愚蒙遵聖道天地弗違致良知鬼神莫測欲同天下人為善無此招搖做不通知我者其惟此行乎罪我者其惟此行乎作鰍鱔賦其略曰道人閑行於市偶見肆前育鱔一缸覆壓纏繞奄奄然若死之狀忽見一鰍從中而出或上或下或左或右或前或後周

流不息變動不居若神龍然其鱔因鰍得以轉身通氣而有生意是轉鱔之身通鱔之氣存鱔之生者皆鰍之功也雖然亦鰍之樂也非專為憫此鱔而然亦非為望此鱔之報而然自率其性而已耳於是道人有感喟然嘆曰與吾同類並育於天地之間得非若鰍鱔之同育於此碙乎吾聞大丈夫以天地萬物為一體為天地立心為生民立命幾不在茲乎遂思整車束裝慨

然有周流四方之志少頃忽見風雲雷雨交作其鰍乘勢躍入天河投於大海悠然而逝縱橫自在快樂無邊回視樊籠之鱔思將有以救之奮身化龍復作雷雨傾滿鱔碉於是纏繞覆壓者皆欣欣然而有生意俟其甦醒精神同歸於長江大海矣云云

沿途聚講直抵京師會山東盜起德州集兵守闗不得渡先生託以善兵法見州守守曰兵貴勇某儒生柰怯何先生曰

某有譬語請為公陳之家嘗畜雞母其所畏者鳶也一日引其雛之野鳶忽至輒奮翼相鬬蓋不復知鳶之可畏其故何也憂雛之心切耳公民之父母州之民皆赤子也倘不忍赤子之迫於盜何患無勇將見奮翼相鬬者愈於雞母也州守聽其言悟益嚴於為備遣人護先生渡河復先於其所往比至都下先夕有老叟夢黃龍無首行雨至崇文門變為人立晨起先生適至

時陽明公論學與朱文公異誦習文公者
頗牴牾之而先生復講論勤懇冠服車輪
悉古制度人情大異會南野諸公在都下
勸先生歸陽明公亦移書守菴公遣人速
先生先生還會稽見陽明公公以先生意
氣太高行事太奇欲稍抑之乃及門三日
不得見一日陽明公送客出先生長跪曰
某知過矣陽明公不顧先生隨入至庭事
復厲聲曰仲尼不為已甚於是陽明公揖

先生起時同志在側亦莫不歎先生勇於
改過
二年癸未先生四十一歲
往會稽
是歲春先生在會稽　陽明公朝夕
夏四月貸粟賑濟
淮揚大饑先生故所游真州王商人居積
富雅敬重先生於是先生從真州貸其米
二千石歸請官家出丁冊給賑時有饑甚

不能移者則作粥糜　之既謁廵撫　公請大賑因以其所賑饑民狀對撫公疑其言先生曰賑册在場官所可稽乃羈先生於空廨中令人偵先生出入并所與往來言者時廨中有就羈有司三二人先生坐其中惟與三二人講究理學暇則彈琴自娛絶無一言及外事亦無一人往來偵者以實告撫　公會所取賑册至撫　公覽之大悔曰幾失君矣已乃大喜曰君布衣乃爾

何言有司明日就先生問讀何書曰讀大學更讀何書曰中庸又曰此外復何書曰尚多一部中庸耳曰何謂也曰誠意正心脩身齊家治國平天下道理已備于大學撫公悟大發賑行將樹牌坊表揚先生先生固謝之秋大疫先生又日煮藥飲廣為調濟全活者甚衆

三年甲申先生四十二歲

在會稽

是年春四方學者聚會稽日衆請陽明公築書院城中以居同志多捐百姓日用以發明良知之學大意謂百姓日用條理處即是聖人條理處聖人知便不失百姓不知便會失同志惕然有省未幾陽明公謝諸生不見獨先生侍左右或有論諸生則令先生傳授會守菴公壽日先生告歸上壽陽明公不聽命蔡世新繪呂仙圖王琥譔文具上因金克厚持往壽守菴公并作

歌以招之於是守菴公至會稽與陽明公
相會
春正月　子補生
冬十二月歸省
四年乙酉先生四十三歲
春正月往會稽
先生奉守菴公如會稽并諸子姪以從
會廣德
時鄒東廓守益以内翰謫判廣德建復初

書院大會同志聘先生與講席

作復初說

略云治天下有本身之謂也本必端端本誠其心而已矣誠心復其不善之動而已矣不善之動妄也妄復則無妄矣無妄則誠矣誠則無事矣故誠者聖人之本聖誠而已矣是學至聖人只復其不善之動而已矣知不善之動者良知也知不善之動而復之乃所謂致良知以復其初也東廓

子書院成因名曰復初刻先生説於其中
秋七月會孝豐
郭中州治時尹孝豐聘先生開講刻詩學
宮以示諸生
冬十二月歸省
五年丙戌先生四十四歲
秋八月會講安定書院
時王瑫湖臣守泰州會諸生安定書院禮
先生主教事

作安定集講説

略云昔宋安定胡先生泰州人也有志於學一鄉崇祀爲百世師況天下之至善乎今豫章瑾湖王先生予同門友也學于陽明先生遵良知精一之傳來守是邦以興起斯文爲已任搆安定書院召遠近之士居而教之是一時之盛舉也予家居安豐去此百里許亦承其召而往學焉予謂道在天地間實無古今之異自古惟有志者

得聞之孔子曰朝聞道夕死可矣其餘何足言哉嗟夫有志之士何代無之若非明師良友鼓舞於前誘掖獎勸抑其過引其不及以至於中其不至於半途而廢行不著習不察流於枝葉異端者鮮矣

冬十月作明哲保身論

時同志在宦途或以諫死或譴逐遠方先生以為身且不保何能為天地萬物主因瑤湖北上作此贈之其略云 明哲者良

知也明哲保身者良知良能也所謂不慮而知不學而能者也人皆有之聖人與我同也知保身者則必愛身如寶能愛身則不敢不愛人能愛人則人必愛我人愛我則吾身保矣能愛人則不敢惡人不惡人則人不惡我人不惡我則吾身保矣能愛身者則必敬身如寶能敬身則不敢不敬人能敬人則人必敬我人敬我則吾身保矣能敬身則不敢慢人不慢人則人不慢

我人不慢我則吾身保矣此仁也萬物一體之道也以之齊家則能愛一家矣能愛一家則一家者必愛我矣一家者愛我則吾身保矣吾身保然後能保一家矣以之治國則能愛一國矣能愛一國則一國者必愛我矣一國愛我則吾身保矣吾身保然後能保一國矣以之平天下則能愛天下矣能愛天下則天下凡有血氣者莫不尊親莫不尊親則吾身保矣吾身保然後

能保天下矣此仁也所謂至誠不息也一貫之道也人之所以不能者為氣稟物欲之偏氣稟物欲之偏所以與聖人異也與聖人異然後有學也學之如何明哲保身而已矣　是年泰州林春王棟張淳李珠陳芑數十人來學先生揭大傳論語首章于壁間發易簡之旨

作樂學歌

略云人心本自樂自將私欲縛私欲一萌

時良知還自覺一覺便消除人心依舊樂
樂是樂此學學是學此樂不樂不是學不
學不是樂樂便然後學學便然後樂樂是
學學是樂於乎天下之樂何如此學天下
之學何如此樂

六年丁亥先生四十五歲

至金陵

會湛甘泉若水呂涇野柟鄒東廓歐南野
聚講新泉書院

作天理良知說

時甘泉湛公有揭隨處體認天理六字以教學者意與陽明王公稍稍不同先生乃作是說略云　天理者天然自有之理也良知者不慮而知不學而能所以為天然自有之理惟其為天然自有之理所以不慮而知不學而能也故孔子曰知之為知之不知為不知是良知也入太廟每事問是天理也惟其知之為知之不知為不知

所以入太廟每事問惟其入太廟每事問
便是知之為知之不知為不知曰致曰體
認知天理也否則日用不知矣曰以子之
言天理良知之學同而無疑矣人又以為
異者何哉曰學本無異以人之所見者各
自以為異耳

秋九月在會稽

送陽明公節制兩廣

冬十一月歸省　月　子雍生

是年揚州王俊本州宗部朱軏朱恕般三
聘來學
七年戊子先生四十六歲
在會稽
集同門講于書院先生言百姓日用是道
初聞多不信先生指僮僕之往來視聽持
行泛應動作處不假安排俱是順帝之則
至無而有至近而神惟其不悟所以愈求
愈遠愈作愈難謂之有志於學則可謂之

聞道則未也賢智之過與仁智之見俱是妄一時學者有省

招俞文德

時廣永豐俞文德入山習靜作書招云略曰只心有所向便是欲有所見便是妄既無所向又無所見便是無極而太極良知一點分分明明停停當當不用安排思索聖神之所以經綸變化而位育參贊者皆本諸此也此至簡至易之道然必明師

良友指點不然則恐所為雖是將不免於行不著習不察深坐山中得無喜靜厭動之僻乎肯出一會商確千載不偶俞得書即出山受學

冬十月陽明公訃聞

先生迎喪桐廬約同志經理其家

冬十一月

江西貴溪徐樾張士賢來學

八年己丑先生四十七歲

冬十一月往會稽

會蕺陽明王公大會同志聚講于書院訂

盟以歸

冬十二月撫臺劉公梅谷節疏薦

略曰　竊惟人才難得自古為然

皇上孜孜圖治寤寐英豪既開三途並用之例

以旁求一時之人才尤恐薦辟有遺收錄

未盡故又

特從大臣之請再舉懷才抱德經明行修不于

各利伏居巖穴者悉令有司薦舉覈實送
部量才擢用今據泰州儒士王艮田野布
衣不求聞達講學厲行篤志前修庶幾海
濱之善士
聖世之逸民臣會同巡按御史朱孔陽議照前
因相應舉薦

答太守任公書

略曰　兩辱枉召感愧殊深恭聞執事以
賢舉僕矣果如所舉則不敢如所召果如

所召則又負所舉矣于此權之與其負所舉寧不敢如所召也孟子曰有大有為之君必有所不召之臣僕固非不召之臣亦不敢不願學也僕之父今年八十九歲若風中之燭為人子者此心當何如哉此尤僕之所以不能如召也伏願執事善為僕辭使僕父子安樂于治下仍與二三子講明此學所謂師道立則善人多善人多則朝廷正而天下治矣豈曰小補云乎哉

九年庚寅先生四十八歲

在金陵

會鄒東廓歐南野萬鹿園表石玉溪簡聚
講雞鳴寺

夏五月如會稽

為陽明王公子正億議禮部侍郎黃公久
菴綰之女為婚復至金陵

十年辛卯先生四十九歲

是年四方從游日衆相與發揮百姓日用

之學甚悉

冬、十一月

徐樾復來學先生一夕步月下指星文與語樾應對間若恐失所持循先生厲聲曰天地不交否又一夕出遊至小渠邊先生躍過顧謂樾曰汝亦放輕快些、樾持益謹若遺一物既樾歎曰從前孤負此翁為樾費却許多精神

十一年壬辰先生五十歲

是年道州周良相涇縣吳標王汝貞南昌程伊程倖先後來學初汝貞持學太嚴先生覺之曰學不是累人的因指旁斲木匠示之曰彼卻不曾用功然亦何嘗廢事

夏五月如會稽

經理陽明公家攜正億赴金陵託黃久菴

公遂大會金陵

十二年癸巳先生五十一歲

在金陵

◎

原書缺頁

原書缺頁

足坐地先生曰隸從失瞻非禮也東峰歛容以謝是歲東鄉吳怡偕數友來學時在學同志有燕安氣先生不直言其過託聞陽明公事語諸友曰先師昔與諸友在一寺中有太守見過張席行酒酒罷先師歎曰諸君不用功麻木可懼諸友竟不自知跪請先師曰第問汝止諸友乃轉問先生曰太守行酒時皆燕坐不起果皆麻木時燕安者慚悚若無所措先生教人大率在

言外令人自覺自化

十四年乙未先生五十三歲

請賑濟

是歲復大饑族家子至除夕多不舉火先生命伯子衣以所食粟賑之因以勸鄉之富者會御史徐芝南九皋按部先生請曰某有一念惻隱之心是將充之乎遏之乎芝南曰充之先生曰某固不忍民饑願充之以請賑于公計公亦不忍民饑充之以

及民何如於是芝南慨然發賑造門謝先生有東臺盧氏月溪澄者其先世會捐粟千五百石賑饑蒙先朝旌揚是歲感先生言出豆麥一千石施賑因以其子滎請見先生嘉其世濟陰德允淮海積善之家遂以孫女許配焉

十五年丙申先生五十四歲

春正月

撫州樂安董燧自金臺來學留三月一日

燧瞑目趺坐先生臨其旁不覺先生撫其背曰青天白日何自作鬼魅燧醒起豁然吉永豐聶靜亦自金臺來學

夏五月

會王龍溪畿金山訪唐荊川順之武進道出京口靜令丹徒率在門下士侍先生言宿金山寺中因語靜曰欲止至善非明格物之學不可蓋物有本末遺本失已遺末失人欲止至善難矣異日先生遊招隱寺

隷卒前導先生謝去謂同遊曰茲遊與物同樂使人識官從避去吾誰與樂也既先生如金陵偕遂數十輩會龍溪邸舍因論羲皇三代五伯事同游未有以對復遊靈谷寺與同遊列坐寺門歌詠先生曰此羲皇景象也已而龍溪至同遊序立候迎先生曰此三代景象也已而隷卒較騎價爭擾寺門外先生曰此非五伯景象乎羲皇三代五伯亦隨吾心之所感應而已豈必

觀諸往古

秋八月御史洪公垣搆東淘精舍

洪覺山訪先生與論簡易之道覺山曰仁者先難而後獲斯其旨何也先生曰此是對樊遲語若對顏淵便謂一日克己復禮天下歸仁却何等簡易於是覺山請訂鄉約令有司行之鄉俗為之一變為搆東淘精舍數十楹以居來學婺源董高丹徒朱錫南昌喻　喻　羅楫先後來學

作勉仁方

時先生因在學諸友氣未相下乃作是方略曰夫仁者愛人信者信人合外内之道也于此觀之不愛人不仁可知矣不信人不信可知矣故愛人者人恒愛之信人者人恒信之此感應之道也于此觀之人不愛我非特人之不仁己之不仁可知矣人不信我非特人之不信己之不信可知矣君子爲己之學自脩之不暇奚暇責人

哉故君子反求於其身上不怨天下不尤
人以至於顏子之犯而不校者必如此之
用功也然則予之　其當以顏子自望
而望於諸友乎朋　也予日樂之其未
來也予日望之今朋友自遠方而來者必
有深望於予者也予敢不盡其心以孤其
所望乎必也使之明此良知之學簡易快
樂優游厭飫自改自化而後已若夫講說
之不明是已之責也引導之一不時亦已之

責也見人有過而不能使之改正亦已之
過也欲物正而不先正已者非大人之學
也是故君子學不厭而教不倦如斯而已
矣觀其汲汲皇皇周流天下其仁可知矣

冬十二月考守菴公卒
守菴公年九十三先屆入袠適遇
恩例授高年冠服先生侍養周旋曲當公意每
暇日輒令瞽者彈說古今興廢事以怡朝
夕公亦竟日喜聽無倦至寒夜則伏枕側

寢息未嘗少閒公嘗語人曰吾有子克孝
獲延歲月至此一日無疾而卒先生躃踊
哀號不食者三日毀瘠幾不支戒子弟執
喪禮甚肅明日州守率僚友遣祭四方同
志者吊唁無虛日塟公時天大寒先生冒
寒築塋域由是搆寒疾先兩月前五更時
公覺枕上有日光覆左眼屢拂不去及曙
以語先生先生曰日君象也大人將沐
聖恩乎遂刻時日記之殆公卒日會州守奉

恩詔以公年逾九十齒德並隆具冠服粟帛詣
門致優禮公尚未殮先生乃拜受冠服以
告公靈而粟帛一無所受稽顙
詔之日與日光照目之辰相符
十六年丁酉先生五十五歲
是歲先生玩大學因悟格物之旨曰其本
亂而末治者否矣乃嘆曰聖人以道濟天
下是至尊者道也人能弘道是至尊者身
也道尊則身尊身尊則道尊故輕於出則

身屈而道不尊豈能以濟天下自天子以至於庶人壹是皆以脩身為本其本亂而末治者否矣故曰安其身而後動身安而天下國家可保其身正則天下歸之大人者正己而物正者也此謂知本此謂知之至也是為物格而後知至故出處進退辭受取與一切應用失身失道皆謂不知本而欲求末治者未之有也其於天下國家何哉故反己自修皆是立本工夫離却反

已謂之失本離却天下國家謂之遺末亦非所謂知本本末原是一物是以有出為天下師處為萬世師云時有不諒先生者謂先生自立門户先生聞而嘆曰某於先師受罔極恩學術所係敢不究心以報

冬十一月御史吳公疎山悌疏薦

是年春吳疎山按淮揚造先生廬冬復會先生于泰州疏薦先生于朝略曰

皇上撫運中興躬致泰道天下豪傑之士彬彬

嚮用于斯為盛暨司馬公呂公著首薦河
南處士劉
皇上臨御之初親發德音以示天下而謂四海
之廣獨無伊人可與宋之邵雍程顥與先
朝吳與弼陳獻章後先相望是厚誣天下
之無人而
皇上立教之心亦孤矣臣實惑焉臣始嘗聞人
言東海之濱泰州安豐場有士王艮可當
其選者尚竊慮盛名之下其實難副故藏

之中心久矣臣近奉
命巡兩淮乃得博詢于衆庶聞其蚤歲僅受讀
孝經論語亦不甚解蓋本非業儒者比及
三十時一日偶有感于事親之際忽覺此
心之開明于前時所讀書若或啓之遂從
此一意向學銳然以聖賢為必可至乃始
論交于天下之士證疑于孔氏之書久之
而所得日以邃焉其孝友忠信孚於鄉黨
隨人開導務盡其林四方之問業辯惑者

羣至其門好學之心老而愈篤臣乃就訪之見其襟懷灑落儀度雍容真機流行不事矯飾而議論亹亹曲中人心精神潛通使人有所感發盖其學主於自得不落於言語文字之詮故其工夫最直截簡易而行年六十造詣日深茲當竣事之期敢以上獻

復林子仁書

略曰　得書見踈山公薦疏書中云當道

氣味殊别乃理勢之自然無足怪也求之在我必有一定之道當量而後入不可入而後量也若君相求之百執事薦之此中節之和吾道之可以望行矣吾　之出可謂明矣易曰求而往明也若君相不用百執事薦之不過盡彼職而已矣在我者雖有行亦不過應故事敬君命而已矣況沉痾之疾不能行與又何必其道之行與不行也前此大儒昧於此道至於入而後量是

以取辱者多矣可不鑒哉大學曰物有本末始知吾身爲天地萬物之本能立天下之大本然後能知天下之化育夫焉有所倚是故放乎四海有本者如是不然朝滿夕除大行必加窮居必損此分未定故也可不懼哉願吾子仁默而識之

十七年戊戌先生五十六歲

再答子仁書

揚州守劉愛山託子仁欲召見先生書復

子仁辭謝之略曰　來書謂府尊以禮來召賤疾不能行當以禮辭用上敬下用下敬上其義一也又何不可哉禮聞來學未聞往教致師而學則學者不誠矣往教則教不立矣皆不足以知至尊者道也昔者公山佛肸召子尚欲往而況其以上者乎欲往者與人為善之誠也終不往者以其為善不誠也使其誠能為善則當求於我又何以召言哉是故天子不召師而況其

以下者乎不往是不仁也必往是不智也於此可以觀道之精也　先生從精舍還遇雨取屐門人爭取以進異日先生如精舍吳從本問曰昨取屐時有小子可使何先生自取也先生曰昔文王伐崇至黃竹墟革鞋繫解顧左右皆賢莫可使因自結之昨自取屐亦以諸友皆賢也復笑曰言教不如身教之易從也　先生有疾諸友侍榻前先生顧諸友歌諸友未達先生問

若輩在外歌乎又未達先生乃自歌諸友相與和歌聲徹内外　御史陳公讓按維揚訪先生至泰州病目不得行作歌呈先生曰海濱有高儒人品伊傅匹云云先生讀之笑謂門人曰伊傅之事我不能伊傅之學我不由門人問曰何謂也先生曰伊傅得君可謂奇遇如其不遇終身獨善而已孔子則不然也　時安豐場竈産不均貧者多失業奏請攤乎幾十年不决會運

佐王公州守陳公共理其事乃造先生謀先生竭心經畫三公喜得策一均之而事定民至今樂業　泰和張峰會昌胡大嶽歙縣程弘忠天津陳應選丹徒陳佐先後來學

十八年己亥先生五十七歲

時先生多病四方就學日益衆先生據榻講論不少厭倦徐子直書至問疾

答徐子直書

略曰我心久欲授吾子直大成之學更切切也但此學將紀二千年不得吾子直而會口傳心授未可以筆舌諄諄也幸得舊冬會子直聞我至尊者道至尊者身然後與道合一隨時即欲解官善道於此可見吾子直果能信道之篤乃天下古今有志之士非凡近所能及也又聞别後沿途欣欣自嘆自慶但出處進退未及細細講論吾心猶以為憂也我今得此沉痾之疾

我命雖在天造命却由我子直聞却當有
不容已者
冬十一月
吉水羅念菴洪先造先生廬林子仁率同
郡諸生黎洛溪率邑諸生並集先生堂上
先生以病不能出念菴就榻傍述近時悔
恨處且求教益先生不答但論立大本處
以為能立此身他能位天地育萬物病痛
自將消融且曰此學是愚夫愚婦能知能

原書缺頁

原書缺頁

至易至簡至快樂至尊至貴至清奇隨大隨小隨我學隨時隨處隨人師掌握乾坤大主宰包羅天地真良知自古英豪誰能此開闢以來惟仲尼仲尼之後微孟子孟子之後又誰知

十九年庚子先生五十八歲

春元旦先生夢生一嬰兒如玉抱謂內人曰彼五子乃爾所生是兒乃我所生先生覺私念夢必有為矣是年崔殷梅月來學

冬十二月先生卒
先生卧室内夜有光燭地信宿始散衆以
爲祥先生曰吾將逝乎先生病將革猶集
門人就榻前力疾傾論門人出諸子泣請
後事先生顧仲子璧曰汝知學吾復何憂
諸子復大泣先生顧諸季曰汝有兄知此
學吾何慮汝曹惟爾曹善事之人生苦患
離索雖時序友朋于精舍相與切磋自有
長益無一語及他事神氣凝定遂瞑目及

殮容色猶瑩然不改爲是月八日丑時門人薰高王汝貞朱錫李珠羅楫朱恕輩治喪四方吊者畢集鄒東廓王龍溪率同志爲位哭于金陵門人聶靜董燧率同志哭于京師逾月瘞先生于場之東附守菴公墓從遺命也四方會瘞者數百人董高王汝貞張峰羅楫輩經理瘞事

門人私謚　貴溪徐樾雲南布政

嗚呼歲當甲辰樾將有雲南之官夫子函

丈生塵積二十四甲子矣初檝聞師訃有東廓鄒子龍谿王子為位哭于金陵門下汪子朴與其弟相為位哭于祁門黄子文明與董子燧聶子静王子紹為位哭于京師周子良相為位哭于道州而董子高盧子韡輩數百人為治任哭向失聲靡不痛道將墜地斯文喪天人心之不死耶抑亦二三子之沐罔極之恩耶緬思夫子蓋棺近冷必壞之骸骨不可復活惟念遺澤猶

新不朽之精神時披拂焉樂安董子永豐聶子繼屬樾曰知夫子之深孰如吾子非吾子孰能啚夫子不朽哉樾受而拜曰吾夫子之學關于繼往開來游夏不能置一語吾夫子之品間生二千餘年樾何人能啚不朽哉將為之銘慮片語不居其要為之傳恐繁衍不悉其真由是十年閣筆風月傳神山斗在望晤二子曰予三人非阿私所好為夫子私謚可乎二子曰不然夫

子已銘之傳之矣安用續貂為檝曰否狀不足則銘銘不足則傳檝將求其足也舍諡奚徙焉二子曰不然古者生無爵死無諡我

明官至二品皆得請于

朝謂賞罰不足勸懲借諡榮辱身後庸知濫請者溢美浮實則不如無諡吾夫子不仕敢犯今之濫以誣隱德哉檝曰然夫惟請者不真則吾私諡益慎曩者黔婁展禽不聞

以妻而私其夫淵明伯淳不聞以友而過
其情三子覼然啖舌曰噫若是乎謚法之
在講院不在　太常也試揚夫子萬一可
乎二子按諸謚法曰道德博聞曰文夫子
註脚六經身承道統非文乎明炳幾先曰
哲夫子學止至善利用安身非哲乎請私
謚文哲先生檝作而言曰是可不朽夫子
矣殆有進焉按謚法節介堅白曰貞夫子
道師萬世立本尊身非貞乎請私謚文貞

先生三子亙肯首曰予三人非阿私所好也敢曰謚法之在講院不在太常也耶請以俟之太史氏焉嘉靖庚戌遺稿

心齋王先生年譜後序

嘉靖丙申春燧與聶子子安同受業於先生之門今幾四十年矣不四五年先生即捐世今又適三十年後數年子安補儀曹又數年燧亦備員南比部咸欲編先生年譜鋟梓以傳顧考訂未備於時孰亦有弗逮壬戌秋先生之子宗順宗餙宗元攜先生行實至金陵并同門吳從本王惟一輩相繼以至始得按先生行實草創為譜大書其綱小書其目直書其素履詳書始之

所悟入與其學業之大成出處之大致時同門者遂欲梓于金陵燧念玉蘊而山輝珠藏而澤媚至寶在天地間秘之愈久精光愈射來世也矧四方同志之士於先生嘉言善行得於覩記者遍滿宇內而是譜所載萬有一之或遺非所以愛先生而傳之遠矣癸亥之夏燧亦解組西歸復攜其稿過子安共參訂之已巳春而仲子宗順亦以譜事來會于永豐乃又與素慕先生者程子振之劉子茂時相校讎焉參伍不遺詳

畧具備燧與子安遂併其語錄而倶梓以傳嗚呼先生之素履年譜可傳而其學問之大非譜所能盡也先生之學語錄可傳而其精神之妙非語錄可盡也今觀其譜讀其錄亦庶幾乎先王之大槩矣燧也不類願學未能仰負師門多矣然天下後世善相馬如九方臯之後豈復無伯樂者乎不於其形而得其良於牝牡驪黃之外斯其為知馬矣然則後之知先生者其徒以譜與錄歟其不狥於譜與錄歟

隆慶三年己巳歲孟秋既望門人樂安董燧兆
時甫頓首書

心齋先生全集卷之二終

隆慶三年重刻年譜序

孟秋七夕後學吉郡宋儀望望之謹撰

夫大人之學以天地萬物為一體一體云者言吾之心即天地萬物之心也吾之心為天地萬物之心而吾有一毫不能自盡其心是自小也昔孔子蓋年十五即有志於大人之學矣自是三十而立四十五十不惑而知天命馴至七十順耳從心神化無方茲固孔子自譜其年云爾繇是觀之孔子自少至老未嘗一日不學其學

也未嘗一日外于天地萬物之心也故其語門人曰我學不厭教不倦俛焉日有孳孳不知年數之不足也嗟乎非聖人其孰能之心齋王先生生長海濱年弱冠粗通論語孝經常事親從兄必依倣古禮求以自盡其心久之遊鄒魯歴歲月考經證悟早作夜思至忘寢食已乃隱然有見於天地萬物一體之意於是慨然以聖人爲必可至當是時越中陽明王公方與四方同志講致良知之學其說盛行于時先生聞之若

疑若信乃徑造豫章相與極談其學反復連日大相契悟遂退而師事焉其慎重如此自是每歲往來越中同門之友號稱高明實踐不藉口耳必屈指先生陽明公亦亟嘆曰斯文道統非斯人吾誰與歸其後陽明公歿各相傳授微有同異蓋良知之傳明白簡易言下立解乃於格物實際工夫或多脱畧先生深以為憂因歎曰某昔論學專主格物先生專言致知某嘗以此二者請質先師曰待汝十年後自明之嗟乎先

師之意蓋謂此矣自是與學者語必究極格物之要葢致良知以格物格物以致其良知其歸一也方陽明公倡道東南從遊之徒半在縉紳呶呶者猶張目相視先生以布衣特起力任斯文為時所信陽明公既歿而良知之傳賴以不墜先生之功為多今年夏仲子棨持先生年譜過豫章謀之董君燧聶君靜校讐入梓儀望既得而讀之然後知先生之學力在蚤歲已能自求本性不落見解豫章以後默證頓悟洞徹全

體更歷既深造詣日醇其所著勉仁諸篇雖聖人復起不能易也至其尊主庇民之心時時見於問答論述間自孟子歿考其所至未知後來儒者孰先後而先生深遠矣然予覩陽明公歿年五十七先生歿多一歲何天於二公既豐其道又復嗇其年耶予是以深悲斯世之不遭也先生子五人皆能世其家學昔太史公作孔子世家至今照耀簡册然則後之欲論次世傳必推轂王氏矣予既讀年譜而竊為論著如此抑

亦俟論世者有稽焉

萬曆三年重刻年譜序

仲夏望日閩晉安晚學鄭人達克漸謹撰

心齋王先生崛起海濱繼陽明公倡道於天下無論及門之士即聞風者靡不喁喁嚮慕余產閩服側聽芳躅殊以生晚未及躬覿道範為憾際余師陽山宋公督學七閩衍先生之學以淑多士余因是益聞先生之道嗣叨第令皋取道吳陵始展謁先生祠徘徊追憶者久之皋邑去東淘精舍不百里時距先生之卒未滿五十年

先生鄉約遺化猶旁浹於皋皋風號易治近民俗則漸漓矣豈明先生之道以淑人心者未有人乎間嘗取先生年譜讀之是譜也先生三子與門士次第裒實訂成之陽山公嘗叙諸簡首至今讀其譜可知其人令人有油然興起意所關風教非纖也余欲表而出之以風皋俗重鋟以廣其傳適陽山公開府留都嘉惠後學心至懃懇也書來慮原板殘缺亦重以翻刻之寄於是即加校訂付之梓嗚嘑聖道晦蝕末學支離

百家紛紛卒成聚訟濂洛關閩而後玅契聖門心傳者獨見一陽明公耳先生自號心齋尚友顏氏厥趨固自不迷及夫度江謁陽明公聞致良知之說千古心傳洞然了悟若先生者誠足與陽明相後先矣先生行事顛末如崇先而徹淫祀立談而化中貴請粟以賑饑饉辭召以明出處類皆發揮性衍實踐有得由其默契於心者深也思先生而不得見得見先生之行斯可矣噫先生之道有得於心故徵之行衆人必循

其行始能以窺其心譬之成方圓者規矩弗縣祈以進於巧難矣然則芳規懿矩之在先生者可令闇沕弗章哉斯刻之重佈也非徒以淑皋之人心已也亦俾彼聞風嚮慕之徒得以觀摩激發用成陽山公以道易海內意也

重鐫心齋王先生全集卷之三

秣陵　焦竑　搜輯

古吳　錢化淇　翻刻

北平　孫道樸　校政

海陵　四代孫王　仝校

五代孫王　校政補遺

六代孫王　翻刻

語錄計一百四十七段

大學是經世完書喫緊處只在止於至善格

物却正是止至善○自天子以至於庶人
以下數句是釋格物致知之義○格物之
物卽物有本末之物其本亂而末治者否
矣其所厚者薄而其所薄者厚未之有也
此格物也故卽繼之四此謂知本此謂知
之至也○行有不得者皆反求諸已反已
是格物底工夫其身正而天下歸之正已而物正也
大學言平天下在治其國治國在齊其家齊

多在脩其身脩身在正其心而正心不
在誠其意誠意不言在致其知可見致知
誠意正心各有工夫不可不察也
庸中字大學止字本文自有明解不消訓
釋喜怒哀樂之未發謂之中中也者天下
之大本也是分明解出中字來於止知其
所止止仁止敬止慈止孝止信是分明解
出止字來

纔着意便是私心

大人者正已而物正者也故立吾身以爲天下國家之本則位育有不襲時位者

見龍可得而見之謂也潛龍則不可得而見矣惟人皆可得而見故利見大人

危其身於天地萬物者謂之失本潔其身於天地萬物者謂之遺末

門人問志伊學顏先生曰我而今只說志

之志學孔子之學曰孔子之志與

伊尹顏淵異乎曰未可輕論且將孟子之

言細思之終嘗有悟

聖人雖時乘六龍以御天然必當以見龍爲

家舍

康節極稱孔子然只論得孔子玄微處至其

易簡宗旨却不曾言

居是邦不非其大夫故歛淋之問孔子不答

子路而答子貢以是知八佾雍徹之譏皆
孔子早年事也
請討陳恆仁也不從也不從而遂已智也若知其必
不從而不請亦不智也蓋非全仁智者也仁
且智所以為孔子
愛人直到人亦愛敬人直到人亦敬信人直
到人亦信方是學無止法
[illegible][illegible]翁無欲數一番枯動一番新先生學

[illegible]此詩以省學者

學者但知孟子闢夷之告子有功聖門不知其辨堯舜孔子處極有功於聖門

顏子有不善未嘗不知常知故也知之未嘗復行常行故也

聖人經世只是家常事

有以伊傅稱先生者先生曰伊傅之事我不能伊傅之學我不由門人問曰何謂也曰

伊傅得君可謂奇遇設其不遇則終身獨善而已孔子則不然也

天下之學惟有聖人之學好學不費些子氣力有無邊快樂若費些子氣力便不是聖人之學便不樂

或問中先生曰此宜僕之往來者中也曰然則百姓之日用即中乎曰孔子云百姓日用而不知使非中安得謂之道特無

者覺之故不知耳若智者見之謂之智仁
者見之謂之仁有所見便是妄妄則不得
謂之中矣
凡涉人爲皆是作僞故僞字從人從爲
或言佛老得吾儒之體先生曰體用一原有
吾儒之體便有吾儒之用佛老之用則自
是佛老之體也
周子曰一者無欲也無欲卽無極一卽太極

無極是無欲到極處

程子曰一刻不存非中也一事不爲非中也一物不該非中也知此可與究執中之學

不執意見方可入道

學講而後明明則誠矣若不誠只是不明

天行健則通乎晝夜之道而知故知行合一

無罪而殺士則大夫可以去無罪而戮民則士可以徙可與幾也去而不失首君臣之

義可與存義也故女樂去幾也燔曰行存義也

知得身是天下國家之本則以天地萬物依於已不以已依於天地萬物

論道理若只見得一邊雖不可不謂之道然非全體也譬之一樹有見根未見枝葉者有見枝葉未見花實者有見枝葉花實却未見根者須是見得一株全樹始得

致中和天地位焉萬物育焉不論有位無位
孔子學不厭而教不倦便是位育之功
愚夫愚婦與知能行便是道與鳶飛魚躍同
一活潑潑地則知性矣
射有似乎君子失諸正鵠反求諸其身不怨
勝己者正己而已矣君子之行有不得者
皆反求諸己亦惟正己而已矣故曰不怨
天不尤人

學者有求爲聖人之志始可與言學先生

云學者立得定便是堯舜文王孔子根

學者初得頭腦不可便討聞見支撐正須養

微致盛則天德王道在此矣六經四書所

以印證者也若功夫得力然後看書所謂

温故而知新也不然放下書本便沒工夫

做

孔子謂二三子以我爲隱乎此隱字對見字

說孔子在當時雖不仕而無行不與二三
子是脩身講學以見於世未嘗一日隱也
隱則如丈人沮溺之徒絕人避世而與鳥
獸同羣者是已乾初九不易乎世故曰龍
德而隱九二善世不伐故曰見龍在田觀
桀溺曰滔滔者天下皆是也而誰以易之
於隱而何孔子曰天下有道丘不與易也
於見而何

沂童冠舞雩之樂正與孔子無行不與之

二子之意同故喟然與之只以三子所言

爲非便是他狂處譬之曾點有家宕不會

出行三子會出行却無家宕孔子則又有

家宕又會出行

子路只以正名爲迂所以卒死衛輒之難

事君有三君有可諷不可諷君有可諫不可

諫君有可犯不可犯匪石之貞不可與[illegible]

孔子曰諫有五吾其從諷諫乎諷字從風其入也微

仕以爲祿也或至於害身仕而害身於祿也何有仕以行道也或至於害身仕而害身於道也何有

君子不以養人者害人不以養身者害身以養心者害心

不亦說乎說是心之本體

或問智者不惑仁者不憂勇者不懼曰我知
天何惑之有我樂天何憂之有我同天何
懼之有
若說已無過斯過矣若說人有過斯亦過矣
君子則不然攻已過無攻人之過若有同
於已者忠告善道之可也
陰者陽之根屈者伸之源屯卦初爻便是聖
人濟屯起手處

孔子雖天生聖人亦必學詩學禮學易逐段

研磨乃得明徹之至

體用不一只是功夫生

智譬則巧聖譬則力朱之周程邵學已皆到

聖人然而未智也故不能巧中孔子致知

格物而止至善安身而動便智巧

周茂叔牕前草不除仁也明道有覺亦曰自

此不好獵矣此意不失乃得滿腔子是則

隱之心故其言曰學者先須識仁仁者渾
然與物同體
人之天分有不同論學則不必論天分
舜於瞽瞍命也舜盡性而瞽瞍底豫是故君
子不謂命也陶淵明言天命苟如此且盡
杯中物便不濟
孔子之不遇於春秋之君亦命也而周流天
下明道以淑斯人不謂命也若天民則聽

命矣故曰大人造命

門人歌道在險夷隨地樂先生曰此先師當時處險時言之學者不知以意逆志則安於險而失其身者有之矣

一友持功太嚴先生覺之曰是學爲子累矣因指傷斲木之匠示之曰彼却不曾用功然亦何嘗廢事

刑所以弼教者也故不教而殺謂之虐

戒慎恐懼莫離却不睹不聞不然便入於有所戒慎有所恐懼矣故曰人性上不可添一物

社稷民人固莫非學但以政爲學最難吾人莫若且做學而後入政

古人定省謂使親安妥而常省察之非必問於親而後謂之定省也文王朝於王季日三亦只問安否於内竪而已

聖人之道無異於百姓日用凡有異者皆謂之異端

子見南子之謂中子路不悅之謂正中者自無不正正者未必能中

天理者天然自有之理也纔欲安排如何便是人欲

明之至無物不覆反求諸身爛漓在手這涉此數語便是宇宙在我萬化生身

合能握其機何必窺陳編白沙之意在學者須善觀之六經正好印證吾心孔子之時中全在韋編三絕

學者指摘舉業之學正與曾點不取三子之意同舉業何可盡非但君子安身立命不在此耳

夢周公不忘天下之仁也不復夢見則嘆其衰之甚此自警之辭耳

問時乘六龍先生曰此是說聖人出處是這出處便是這學此學既明致天下堯舜之世只是家常事

百姓日用條理處即是聖人之條理處聖人知便不失百姓不知便會失

文王望道而未之見道即曾一變至於道之道視民如傷故望天下於道也見如豈若於吾身親見之見當紂之亂故卒未之見

也

孔子知本故仕止久速各當其時其稱山梁
雌雉之時哉正以其色舉而翔集耳故其
繫易曰君子安其身而後動又曰利用安
身又曰身安而天下國家可保也
舜自耕稼陶漁以至爲帝無非取諸人者孔
子則自不暇耕稼陶漁無非與諸人者故
曰吾無行而不與二三子者是丘也

飛龍在天上治也聖人治於上也見龍在田
天下文明聖人治於下也惟此二爻皆謂
之大人故在下必治在上必治

作見孺子入井而惻隱者衆人之仁也無求
生以害仁有殺身以成仁賢人之仁也吾
未見蹈仁而死者矣聖人之仁也

良知之體與鳶魚同一活潑潑地當思則思
思通則已如周公思兼三王夜以繼日幸

而得之坐以待旦何嘗纏繞要之自然天
則不着人力安排
山梁雌雉時哉時哉嘆其舉止之得時也三
嗅而作是舉得其時也翔而後集是止得
其時也
有心於輕功名富貴者其流弊至於無父無
君有心於重功名富貴者其流弊至於弒
父與君

光武召子陵與共榻伸私情也非尊賢之道也子陵不能辭而直與共榻失貴貴之義也賢者亦不如此自處故加足帝腹子陵之過狂奴之辱光武之失

子夏篤信謹守爲己切矣但不免硜硜然言必信行必果故孔子進之曰無爲小人儒

無爲其所不爲無欲其所不欲只是致良知便了故曰如此而已矣

孔子謂朞月三年孟子謂五年七年之類要知聖賢用世眞實步步皆有成筭定應毫髮不差

古之時百工信度故數罟不入汚池凡宮室器用一切皆有制度百工惟信而守之莫或敢作淫巧以取罪戾故人將越度而工不敢爲所以令易行而禁易止也

孔子卻顏路之請車而不禁門人之厚葬無

成心也

將上堂聲必揚仁之用也故曰經禮三百曲禮三千無一事而非仁

微子之去知幾保身上也箕子之爲奴庶幾免死故次之比干執死諫以自決故又次之孔子以其心皆無私故同謂之仁而優劣則於訐者次序見之矣

知之爲知知之不知爲不知知是天德良知也

塵凡事常見俯視無足入慮者方爲超脫。

即事是學即事是道人有困於貧而凍餒其身者則亦失其本而非學也夫子曰吾豈匏瓜也哉焉能繫而不食

教子無他法但令日親君子而已涵育薰陶久當自別

善者與之則善益長惡者容之則惡自化

君子之欲仕仁也可以仕則仕義也居仁由

義大人之義畢矣

教不倦仁也須善教乃有濟故又曰成物智

也

容得天下人然後能教得天下人易曰包蒙

吉

先生於眉睫之間省覺人最多

先生每論世道便謂自家有媿

大丈夫存不忍人之心而以天地萬物依於

已故出則必爲帝者師處則必爲
世師出不爲帝者師失其所以處不爲
下萬世師遺其末矣進不失本退不遺末
止至善之道也
或言爲政莫先於講學先生曰其惟盛德乎
善僚友相下爲難而當道責備尤重易曰
莫之與則傷之者至矣其必曰官先事乎
而後言可也

問節義先生曰危邦不入亂邦不居道[illegible]
身不辱其知幾乎然則孔孟何以言成仁
取義曰應變之權固有之非教人家法
問易稱湯武革命順乎天而應乎人論語
伯夷叔齊餓于首陽之下民到于今稱
焉夷齊是也何事非也而稱同邪先生
曰湯武[illegible]不[illegible]有[illegible]之[illegible]
[illegible]

紂可伐武……

而立之退居于豐宮……職則汝世……

君臣之義兩得之矣且使武與下至於……

夷齊不至於死此所謂道並行而不相悖

也易曰安貞之吉應地無疆

問昔者仲由端木賜顏回侍孔子而論學……

由曰人善我者我固善之人不善我者我……

則不善之端木賜曰人善我亦我過善之……

人不善我者我始引之進退之間而已顏淵曰人善我者我固善之人不善我者我亦善之孔子曰我則異於是無可無不可此三子之是非何如而孔子之所以異於三子者又何如先生曰子路之謂直也子貢之謂教也顏淵之謂德也直可加之夷狄教可行之朋友德可行之親屬孔子之無可無不可者在其人

朋友則用子貢之教在親屬則用顏子之

德並行而不悖者也

孟子道性善必稱堯舜道出處必稱孔子

伯夷之清齊莊中正有之矣然而望望然去

不能容人而數之此其隘也柳下惠之和

寛裕溫柔有之矣然而致袒裼裸裎於我

側此其不恭也君子正其衣冠尊其瞻視

儼然人望而畏之又從而引導之其處己

也恭其待物也恕不失巳不失人故曰隘
與不恭君子不由也
人心惟危人心者衆人之心也衆人不知學
一時忿慾相激忘其身以及其親者有矣
不亦危乎道心惟微道心者學道之心也
學道則戒慎不睹恐懼不聞有不善未嘗
不知知之未嘗復行見幾微也
孟子曰惟大人爲能格君心之非孔子曰古

之哉沽之哉我待價者也待價而沽然後
能格君心之非故惟大人然後能利見大
人
隱居以求其志求萬物一體之志也
夫子之道忠恕而已矣忠恕學之準則也便
是一以貫之孔子以前無人說忠恕孟子
以後無人識忠恕
孔子之學惟孟子知之韓退之謂孔子傳之

孟軻眞是一句道着有宋諸儒只爲見孟
子麄處所以多忽略過學術宗源全在出
處大節氣象之麄未甚害事
貴戚之卿君有大過則諫反覆之而不聽則
易位微子箕子殷之貴戚卿也當紂之惡
不可以不諫而諫之也當不在於虐焰之
後而其去之也當不爲儉德辟難巳焉可
也昔陳恒弑其君孔子去魯去位之臣

且沐浴告於魯而倡大義以請討則微子箕子者猶當有旁行之智矣蓋三分天下文武有其二微子箕子豈不知之也周家歷年仁義忠厚微子箕子豈不知之也文武有天下三分之二則周之時足以格紂也明矣且其祖宗父子仁義忠厚則可諒其無伐殷之念而易位之舉亦可必其協同襄贊而有以共濟天下之難者矣且夷

齊清風高節素抱羞辱汚君之義以此告之安知其不詢謀僉同而有以共安社稷之危故孟子曰民爲貴社稷次之君爲輕也且不惟成湯之祀尚可以永於無疆而箕子不至於囚比干不至於死武王夷齊無相悖之道矣此天下本無難事而惟學識之有未盡焉耳

志於道立志於聖人之道也據於德據仁義

禮智信五者心之德也依於仁仁者善之
長義禮智信皆仁也此學之主腦也游於
藝多識前言往行以畜其德也
禘之說正不王不禘之法也知不王不禘之
說則知君臣上下名分秩然而天下之治
誠如示掌之易矣
卑禮厚幣以招賢者而孟軻至梁即求而往
明也國有道不變塞焉即女子貞不字

聖人濟屯曰利建侯只是樹立朋友之義

唐虞君臣只是相與講學

知此學則出處進退各有其道有爲行道而仕者行道而仕敬焉信焉尊焉可也有爲貧而仕者爲貧而仕在乎盡職會計當牛羊茁壯長而已矣

問辭受取與固君子守身之節不可不慎如顏子之貧孔子何不一助之先生曰重於

情則累於道君子之與受視諸道而已故
曰非其道一介不以與人一介不以取諸
人如其道舜受堯之天下不以爲泰
人心惟危伊川賢者猶因東坡門人一言遂
各成黨況其下者乎學者須在微處用功
顏子不遠復乃道心也
漢高之有天下以縱因斬蛇一念之仁韓信
之殺身以聽徹襲齊一念之不仁故人皆

有是惻隱之心苟能充之足以保四海苟
不充之不足以保四體
有疑先生安身之說者問焉曰夷齊雖不安
其身然而安其心矣先生曰安其身而安
其心者上也不安其身而安其心者次之
不安其身又不安其心斯其爲下矣
堯舜禹相傳授受曰允執厥中此便是百王
相承之統仲尼祖述者此也然學我曰以

予觀於夫子賢於堯舜遠矣子貢曰自生民以來未有夫子也有若曰自生民以來未有盛於孔子也孟子亦曰自有生民以來未有孔子也是豈厚誣天下者哉蓋堯舜之治天下以德感人者也故民曰帝力何有於我哉故有此位乃有此治孔子曰吾無行而不與二三子者是丘也只是學不厭教不倦便是致中和位天地育萬物

便做了堯舜事業此至簡至易之道視天下如家常事隨時隨處無歇手地故孔子爲獨盛也先師嘗有精金之喻予以爲孔子是靈丹可以點鐵成金無盡藏者

有學者問放心難於求先生呼之即起而應先生曰爾心見在更何求心乎

經所以載道傳所以釋經經既明傳不復用矣道既明經何足用哉經傳之間即證吾

矣
先生詩曰美殺山中麋鹿伴千金難買
裘待衣先生曰美殺山中沂浴伴千金難
買暮春衣
易曰二多譽四多懼三多凶五多功先生曰
初多休六多罔
六陽從地起故經世之業莫先於講學以興
起人才古人位天地育萬物不襲時位者

也
當屯難而乘馬班如者要在上有君相之明
求而往明也女子貞不字十年乃字相時
耳此君子出處之節也
誠意忠恕強恕致曲皆是立本功夫
知安身而不知行道知行道而不知安身俱
失一偏故居仁由義大人之事備矣
自成自道自暴自棄

今人只爲自幼便將功利誘壞心術所以未

帶病根終身無出頭處

日用間毫釐不察便入於功利而不自知蓋

功利陷溺人心久矣須見得自家一箇眞

樂直與天地萬物爲一體然後能宰萬物

而主經綸所謂樂則天天則神

學者不見眞樂則安能超脫而聞聖人之道

問能容下之慢而不能受上之陵其病安在

先生曰總只是一箇傲容下之慢視以爲不足與校云耳君子只知愛人敬人

有别先生者以遠師教爲言先生曰淦之人皆明師也得深省

學者患不積疑見先生多不問而解

一身猶矩天下國家猶方天下國家不方還是身不方

本自活潑鳶飛魚躍便是

一友論及朋友之失、先生曰爾過矣何不取法君子見不賢而自省之、不暇那有許多工夫去較量人過失

不靣斥朋友之失而以他事動其機亦是成物之智處

仁者安處於仁而不爲物所動智者順利乎仁而不爲物所陷仁且智君子所以隨約樂而善道矣

齋明盛服非禮不動一時具在便是立志用

工

朋友初見先生常指之曰即爾此時就是未

達曰爾此時何等戒懼私欲從何處入常

常如此便是允執厥中

天下有道以道狥身天下無道以身狥道未

聞以道狥人者也以道狥人妾婦之道也

先生常誦此教學者以立本

或問處人倫之變如何子曰處變而不失其常善處變者也爲人君止於仁爲人臣止於敬爲人子止於孝爲人父止於慈此常道也故曰舜盡事親之道而瞽瞍厎豫象憂亦憂象喜亦喜不以其害已而或間也此處變而不失其常也

先生問門人曰孔子與點之意何如對曰點得見龍之一體故與之也曰何以爲狂也曰

以其行不掩言也曰非也點見吾道之大而略於三子事爲之末此所以爲狂也

門人問先生云出則爲帝者師然則天下無爲人臣者矣曰不然學也者所以學爲師也學爲長也學爲君也帝者尊信吾道而吾道傳於帝是爲帝者師也吾道傳於公卿大夫是爲公卿大夫師也不待其尊信而衒玉以求售則爲人役是在我者不能自爲之主宰

矣其道何由而得行哉道既不行雖出徒出也君爲祿仕則乘田委吏牛羊茁壯會計當盡其職而已矣道在其中而非所以行道也不爲祿仕則莫之爲矣故吾人必須講明此學實有諸已大本達道洞然無疑有此欛柄在手隨時隨處無入而非行道矣有王者作必來取法是爲王者師也使天下明此學則天下治矣是故出不爲帝者師是漫然苟出

反累其身則失其本矣處不爲天下萬世師是獨善其身而不講明此學則遺其末矣皆小成也故本末一貫合内外之道也

復初說

治天下有本身之謂也本必端端本誠其心而已矣誠心復其不善之動而已矣不善之動妄也妄復則無妄矣無妄則誠矣誠則無事矣故誠者聖人之本聖誠而已矣是學至

聖人只復其不善之動而已矣知不善之動者良知也知不善之動而復之乃所謂致良知以復其初也東廓子搆成書院因名曰復初故述之以此

安定書院講學別言

通書曰曷爲天下善曰師師者立乎中善乎同類者也故師道立則善人多善人多則朝廷正而天下治矣非天下之至善其孰能與

於此哉昔宋安定胡先生泰州人也有志於學一鄉崇祀爲百世師況天下之至善乎今豫章瑤湖王先生予同門友也學於陽明先生遵良知精一之傳來守是邦以興起斯文爲已任構安定書院召遠近之士居而教之是一時之盛舉也予家居安豐去此百里許亦承其召而往學焉予謂道在天地間實無古今之異自古惟有志者得聞之孔子曰朝

道夕死可矣其餘何足言哉嗟夫顏[illegible]亡何代無之若非明師良友鼓舞於前誘掖獎勸於其後迎引其不及以至於中其不至於半塗而廢行不著習不察流于異端枝葉者鮮矣予也東西南北之人也今璐湖先生轉而北上予亦歸省東行辱諸友相愛後會難期故書此以爲後日之記云

明哲保身論贈別璐湖北上

明哲者良知也明哲保身者良知良能也所
謂不慮而知不學而能者也人皆有之聖人
與我同也知保身者則必愛身如寶能愛身
則不敢不愛人能愛人則人必愛我人愛我
則吾身保矣能愛人則不敢惡人不惡人則
不惡我人不惡我則吾身保矣能愛身者
身如寶能敬身則不敢不敬人能敬
敬我人敬我則吾身保矣能

[illegible]慢人不慢人則人不慢我人不悔
[illegible]身保矣此仁也萬物一體之道也以之
齊家則能愛一家矣能愛一家則一家者必
愛我矣一家者愛我則吾身保矣吾身保然
後能保一家矣以之治國則能愛一國矣能
愛一國則一國者必愛我矣一國者愛我則
吾身保矣吾身保然後能保一國矣以之平
天下則能愛天下矣能愛天下則天下凡有

血氣者莫不尊親莫不尊親則吾身保矣吾
身保然後能保天下矣此仁也所謂至誠不
息也一貫之道也人之所以不能者爲氣稟
物欲之偏氣稟物欲之偏所以與聖人異也
與聖人異然後有學也學之如何明哲保身
而已矣知保身而不知愛人必至於適己自
便利己害人人將報我則吾身不能保矣吾
身不能保又何以保天下國家哉此自私之

卑不知本末一貫者也若夫知愛人而不愛身必至於烹身割股舍生殺身則吾身不能保矣吾身不能保又何以保君父哉此忘本逐末之徒其本亂而末治者否矣故君子之學以己度人己之所欲則知人之所欲己之所惡則知人之所惡故曰有諸己而後求諸人無諸己而後非諸人必至於內不失己外不失人成己成物而後已此恕也所謂致

曲也忠恕之道也故孔子曰敬身爲大孟子曰守身爲大曾子啓手啓足皆此意也古今之囑臨别者必曰保重保重謂保身也有保重之言而不告以保身之道是與人未忠者也吾與璒湖子相别而告之以此者非璒湖子不知此而告之欲璒湖子告之於天下後世之相别者也是爲别言

勉仁方書壁示諸生

可尊屬諸友相愛彼此切磋砥礪相勉於仁惟恐其不能遷善改過者一體相關故也然而不知用力之方則有不能攻已過而惟攻人之過者故友朋往往目見其疵也是以愛人之道而反見惡於人者不知反躬自責故也予將有以論之夫仁者愛人信者信人此合外內之道也于此觀之不愛人不仁可知矣不信人不信可知矣故愛人者人恒愛之

信人者人恒信之此感應之道也于此觀之
人不愛我非特人之不仁巳之不仁可知矣
人不信我非特人之不信巳之不信可知矣
君子爲巳之學自脩之不暇奚暇責人哉自
脩而仁矣自脩而信矣其有不愛我信我者
是在我者行之有未深處之有未洽耳又何
焉故君子反求諸其身上不怨天下不
以至於顏子之犯而不校者如此之耳

也然則予之用功其當以顏子自望而望於諸友乎抑不當以顏子自望而望於諸友乎夫仁者以天地萬物爲一體一物不獲其所即己之不獲其所也務使獲所而後已是故人人君子比屋可封天地位而萬物育此予之志也故朋之來也予日樂之其未來也予日望之此予之心也今朋友自遠方而來者豈徒然哉必有以也觀其離父母別妻子置

家業不遠千里而來者其志則大矣其必有深望於予者也予敢不盡其心以孤其所望乎是在我者必有所責任矣朋之來也而必欲其成就是予之本心也而欲其速成則不達焉必也使之明此良知之學簡易快樂優游厭飫日就月將自改自化而後已故君子之道以人治人改而止其有未改吾寧止之若夫講說之不明是己之責也引導之不

時亦已之責也見人有過而不能容是已之過也能容其過而不能使之改正亦已之過也欲物正而不先正已者非大人之學也故誠者非自成已而已也所以成物也成已仁也成物智也性之德也合外内之道也故時措之宜也是故君子學不厭而教不倦者如斯而已矣觀其汲汲皇皇周流天下其仁可知矣文王小心翼翼視民如傷望道而未之

見其仁可知矣堯舜兢兢業業允執厥中以四海困窮爲己責其仁可知矣觀夫堯舜文王孔子之學其同可知矣其位分雖有上下之殊然其爲天地立心爲生民立命則一也顏淵曰舜何人也予何人也有爲者亦若是吾儕其勉之乎吾儕其勉之乎然則予之用功其當以堯舜文王孔子自望而望於諸友乎抑不當以堯舜文王孔子自望而望於諸

久乎噫我知之矣而今而後予當自仁矣予當自信矣予當自仁而仁於諸友矣予嘗自信而信於諸友矣然則予敢不自用功而自棄而棄於諸友乎予知諸友之相愛肯不自用功而自棄而棄予乎故知此勉仁之方者則必能反求諸其身能反求諸其身而不至於相親相信者未之有也

天理良知說答甘泉書院諸友

或問天理良知之學同乎曰同有異乎曰無
異也天理者天然自有之理也良知者不慮
而知不學而能者也惟其不慮而知不學而
能所以爲天然自有之理惟其天然自有之
理所以不慮而知不學而能也故孔子曰知
之爲知之不知爲不知是良知也入太廟每
事問是天理也惟其知之爲知之不知爲不
所以入太廟每事問惟其入太廟每事

便是知之爲知之不知爲不知曰致曰體認知天理也否則日用不知矣曰以子之言天理良知之學同而無疑矣人又以爲異者何哉曰學本無異以人之所見者各自以異耳如一人有名焉有字焉有知其名而不知其字者則執其名爲是而以稱字者爲非也有知其字而不知其名者則執其字爲是而以稱名者爲非也是各以己之所見者爲是以

人之所見者爲非也既知人矣又知名矣又知字矣是既以已之所見者爲是又知人之所見者亦爲是也夫然後洞然無疑矣

答問補遺 計二十一段

子謂諸生曰惟大學乃孔門經理萬世的一部完書喫緊處惟在止至善及格物致知四字本旨二千年來未有定論矣某近理會得却不用增一字解釋本義自足驗之中庸論孟周易洞然脗合孔子精神命脈具

此矣諸賢就中會得便知孔子大成學
諸生問止至善之旨子曰明明德以立體親
民以達用體用一致陽明先師辨之悉矣
此堯舜之道也更有甚不明但謂至善爲
心之本體却與明德無別恐非本旨明德
即言心之本體矣三揭在字自喚省得分
明孔子精藴立極獨發安身之義正在此
堯舜執中之傳以至孔子無非明明德親

民之學獨未知安身一義乃未有能止至善者故孔子悟透此道理却於明明德親民中立起一箇極來故又說箇在止於至善止至善者安身也安身者立天下之大本也本治而末治正己而物正也大人之學也是故身也者天地萬物之本也天地萬物末也知身之爲本是以明明德而親民也身未安本不立也本亂而末治者否

矣本末亂治末愈亂也故易曰身安而天下國家可保也如此而學如此而爲大人也不知安身則明明德親民却不曾立得天下國家的本是故不能主宰天地斡旋造化立教如此故自生民以來未有盛于孔子者也

諸生問曰夫子謂止至善爲安身則亦何所據乎子曰以經而知安身之爲止至善也

大學說箇止至善便只在止至善上發揮
知止知安身也定靜安慮得安身而止至
善也物有本末故物物而后知本也知本
知之至也知至知止也自天子以至於庶
人至此謂知之至也一節乃是釋格物致
知之義身與天下國家一物也惟一物而
有本末之謂格絜度也絜度於本末之間
而知本亂而末治者否矣此格物也物格

知本也知本知之至也故曰自天子以至於庶人壹是皆以脩身爲本也修身立本也立本安身也後文引詩釋止至善曰緡蠻黃鳥止於丘隅知所以安身也孔子嘆曰於止知其所止可以人而不如鳥乎要在知安身也易曰君子安其身而後動又曰利用安身又曰身安而天下國家可保孟子曰守孰爲大守身爲大失其身而能

事其親者吾未之聞同一旨也
諸生問格字之義子曰格如格式之格即後
絜矩之謂吾身是箇矩天下國家是箇方
絜矩則知方之不正由矩之不正也是以
只去正矩却不在方上求矩正則方正矣
方正則成格矣故曰物格吾身對上下前
後左右是物絜矩是格也其本亂而末
者否矣一句便見絜度格字之義楚

本也立本安身也安身以安家而家齊安身以安國而國治安身以安天下而天下平也故曰修巳以安人修巳以安百姓修其身而天下平不知安身便去幹天下國家事是之謂失本也就此失脚將或烹身割股餓死結纓且執以爲是矣不知身不能保又何以保天下國家哉

大學首言格物致知說破學問大機括然後

下手工夫不差誠意正心修身齊家治國
平天下由此而措之耳此孔門家法也
知本知止也如是而不求于末定也如是而
天地萬物不能撓已静也如是而首出庶
物至尊至貴安也如是而知幾先見精義
入神仕止久速變通趨時慮也如是而身
安如綿蠻黄鳥止于丘隅色斯舉矣翔而
後集無不得所止矣止至善也

問反己格物否子曰物格知至知本也誠意
正心修身立本也本末一貫是故愛人治
人禮人也格物也不親不治不荅是謂行
有不得于心然後反己也格物然後知反
己反己是格物的工夫反之如何正己而
已矣反其仁治敬正己也其身正而天下
歸之此正己而物正也然後身安也
知明明德而不知親民遺末也非萬物一體

之德也知明德親民而不知安身失本也
其本亂而末治者否矣亦莫之能親民也
知安身而不知明明德親民亦非所謂立
本也
子謂諸生曰大學謂齊家在修其身修身在
正其心何不言正心在誠其意惟曰所謂
誠其意者不曰誠意在致其知而曰致知
在格物物格而後知至知至而後意誠意

誠而後心正此等處諸賢曾一理會否也對曰不知也請問焉子曰此亦是喫緊去處先儒皆不曾細看夫所謂平天下在治其國者言國治了而天下之儀形在是矣所謂治國在齊其家者家齊了而國之儀形在是矣所謂齊家在脩其身身脩在正其心者皆然也至於正心却不在誠意誠意不在致知誠意而后可以正心知至而

后可以誠意夫戒愼恐懼誠意也然心之
本體原着不得纖毫意思的纔着意思便
有所恐懼便是助長如何謂之正心是誠
意工夫猶未妥貼必須掃蕩清寧無意無
必不忘不助是他眞體存存纔是正心然
則正心固不在誠意內亦不在誠意外若
要誠意却先須知得箇本在吾身然後不
做差了又不是致知了便是誠意須物格

知至而後好去誠意則誠意固不在致知內亦不在致知外故不曰所謂誠意在致其知者所謂正心在誠其意者是誠意毋自欺之說只是實實落落在我身上做工夫不可便謂毋自欺爲致知與聖經皆不先誠意就去正心則正心又着空了不先致知就去誠意則誠意又做差了既能誠意不去正心則誠意又却助了却不可以

誠意爲正心以致知爲誠意故須物格而
后知至知至而后有誠意工夫意誠而后
有正心工夫所謂正心不在誠意誠意不
在致知者如此也悟此大學微旨諸生謝
曰此千載未明之學幸蒙指示今日知所
以爲學矣
予謂朱純甫曰學問須知有箇欛柄然後用
功不差本末原拆不開凡於天下事必先

要知本如我不欲人之加諸我是安身也
立本也明德止至善也吾亦欲無加諸人
是所以安人安天下也不遺末也親民止
至善也此孔子學問精微奧領處前此未
有能知之者故語賜曰非爾所及也
大學工夫惟在誠意故誠意章前後引詩道
極詳備文王緝熙敬止止仁止敬止孝止
慈止信以至沒世不忘止至善也衛武公

學問自脩恂慄威儀以至民不能忘止至
善也畢竟皆做到至善未曾悟得至善訣
竅所謂盛德至善者也孔子合下便要止
至善便是欛柄在手更不令滲漏故曰七
十從心所欲不踰矩也必也使無訟乎此
謂知本文王則不免崇侯虎之譖而失身
羑里也
程宗錫問此之謂自謙訓作自慊何如子曰

一此正承物格知至說來旣知吾身是個本只是毋自欺眞眞實實在自己身上用工夫如惡惡臭如好好色略無纖毫假借自是自慊之心是謂自謙即中庸敦厚以崇禮也謙者無不慊慊者未必能謙也然工夫只在愼獨而已故不怨天不尤人下學而上達知我者其天乎如此而愼獨則心廣體胖身安也

子謂周季翰曰止於仁止於敬止於孝止於慈止於信若不先撓得箇安身則止於孝烹身割股有之矣止於敬者饑飧結纓有之矣必得孔子說破此機括始有下落纔能内不失已外不失人故大學先引緡蠻詩在前然後引文王詩做誠意工夫纔得完全無滲漏

謂徐子直曰何謂至善曰至善即性善曰

性即道乎曰然曰道與身便尊身與道何異曰一也曰今子之身能尊乎否歟子直避席請問曰何哉夫子之所謂尊身也子曰身與道原是一件至尊者此道至尊者此身尊身不尊道不謂之尊身尊道不尊身不謂之尊道須道尊身尊纔是至善故曰天下有道以道殉身天下無道以身殉道必不以道殉乎人使有王者作必來取

法致敬盡禮學焉而後臣之然後言聽計從不勞而王如或不可則去仕止久速稽義入神見機而作不俟終日避世避地避言避色如神龍變化莫之能測易曰匪我求童蒙童蒙求我又曰求而往明也動靜不失其時其道光明見險而能知止矣哉又曰君子之守脩其身而天下平若以道從人妾婦之道也已不能尊信又豈能使

彼尊信哉及君有過郄從而諫或不聽便至于辱且危故孔子曰清斯濯纓濁斯濯足自取之也子直拜而謝曰樾甚慚于夫子之教

中庸先言慎獨中和說盡性學問然後言大本致中和教人以出處進退之大義也

惟皇上帝降中于民本無不同鳶飛魚躍此中也譬之江淮河漢此水也萬紫千紅此

春也保合此中無思也無爲也無意必無
固我無將迎無內外也何邪思何妄念惟
百姓日用而不知故曰君子存之庶民去
之學也者學以修此中也戒慎恐懼未嘗
致纖毫之力乃爲修之之道故曰合着本
體是工夫做得工夫是本體先知中的本
體然後好修的工夫

王子敬問莊敬持養工夫子曰道一而已矣

中也良知也性也一也識得此理則見見成成自在在卽此不失便是莊敬卽此常存便是持養眞體不須防險不識此理莊敬未免着意纔着意便是私心

劉君錫問常恐失却本體卽是戒愼恐懼否子曰且道他失到那裏去

子謂子敬曰近日工夫何如對曰善念動則充之惡念動則去之曰善念不動惡念不

動又如何不能對子曰此却是中却是性
戒愼恐懼此而已矣是謂顧諟天之明命
立則見其參于前在輿則見其倚于衡常
是此中則善念動自知惡念動自知善念
自克惡念自去如此愼獨便可知立大本
知立大本然後內不失巳外不失人更無
滲漏使人人皆如此用功便是致中和便
是位天地育萬物事業

子謂諸生曰程子云善固性也惡亦不可不謂之性清固水也濁亦不可不謂之水此語未瑩恐誤後學孟子只說性善盖善固性也惡非性也氣質也變其氣質則性善矣清固水也濁非水也泥沙也去其泥沙則水清矣故言學不言氣質以學能變化氣質也故曰明得盡查滓便渾化張子云形而後有氣質之性善反之則天地之性

存焉氣質之性君子有弗性者焉此語亦要善看謂氣質雜性故曰氣質之性

董子某問先生嘗曰出必爲帝者師處必爲天下萬世師　疑先生好爲人師何如先生曰子未學禮乎董子曰亦嘗學之矣先生曰子未知學爲人師之道乎董子曰願終教之先生曰禮不云乎學也者學爲人師也學不足以爲人師皆苟道也故必修

身爲本然後師道立而善人多矣如身在一家必脩身立本以爲一家之法是爲一家之師矣身在一國必脩身立本以爲一國之法是爲一國之師矣身在天下必脩身立本以爲天下之法是爲天下之師矣故出必爲帝者師言必尊信吾脩身立本之學足以起人君之敬信來王者之取法矣然後道可傳亦可行矣庶幾乎已立後

自配之得天地萬物而非牽以相從者也
斯出不遺本矣處必爲天下萬世師言必
與吾人講明脩身立本之學使爲法于天
下可傳於後世夫然後立必俱立達必俱
達庶幾乎脩身見世而非獨善其身者也
斯處也不遺末矣孔孟之學正如此故其
出也以道殉身而不以身殉道其處也其
厭而教不倦本末一貫夫是謂

民止至善矣

心齋先生全集卷之三終

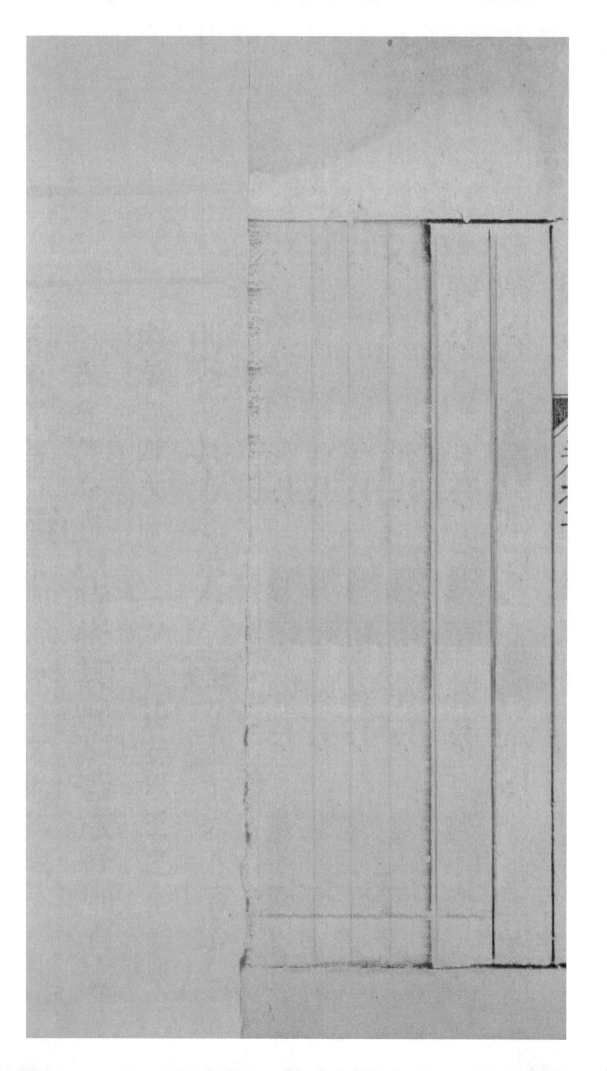

◎

原書缺頁

原書缺頁

也格物之實際也然非先生言之

將大有爲之君必有所不召之臣有王者

必來取法所以尊吾身也孔子曰吾非斯人

之徒與而誰與歸歟之歎狂狷之思不得已

而修身見於世所以尊吾道也夫身尊則道

尊道尊則身尊孔子之學不厭教不倦九二

之見龍在田此其至矣謂非格物之實際乎

故行物格而後知至知至則掌握乎乾坤久

維斗大地俟百聖而不惑施諸後世而無朝
夕學之爲大成也而錄中備之矣嗟夫學者
之讀是錄也尚思先生之教務格物以致吾
之知乎夫致知格物孔孟發而微言絕矣非
王公啓其秘先生發其要而立心立命以開
太平之聖學將愈久而愈晦而後之學聖
者復何所觀則乎不有所觀則而目宇宙
我焉者妄也靜不斂聞言而未悟習甚、

察師門之罪人也何足以知先生之錄乃宗順委命至載義不可辭故撫拾所聞以弁於錄首觀是錄者其無以靜之不學而畧於先生之大成哉是爲序

語畧跋　　吳婁後學魯川曹徹儒撰

秦漢來爲理學言者凡數十家類泯沒于卜度研之罔重以疑沮天下才傑士俾視學若贅疣然是亦吾儕有罪焉耳心齋王先生得姚江之傳而遡流濂洛故其所存問答語刊去支離顯示閫奥易簡成位運諸掌焉其若詩歌箴等直指根源超絕塵語令人油然興起謂之學人指南非耶

古洺見臺蔡子國賓將梓以行而重有憂之謂其流之跡畧誕易未可知也予憬然一曰先生言之矣著意為私從人為儒所謂跡畧而誕易焉者意爾人爾蓋竊先生之似而非有眞見者是烏足以為玆刻之累因併識之以告同志俾曉然如先生所謂超脫凡俗而入聖人之道者云

又跋　中吳東溟管志道撰

道之至者曰惟仲尼以匹夫明明德于天下無所倚焉傍焉心齋之學蓋得諸此其言玄大簡易因自家切體認中來也蔡子所指數條畧備矣嗟嗟以泰州一布衣直窺聖脉師當代而風後賢彼獨何人也哉彼倚勢傍吻者可以惕然省矣

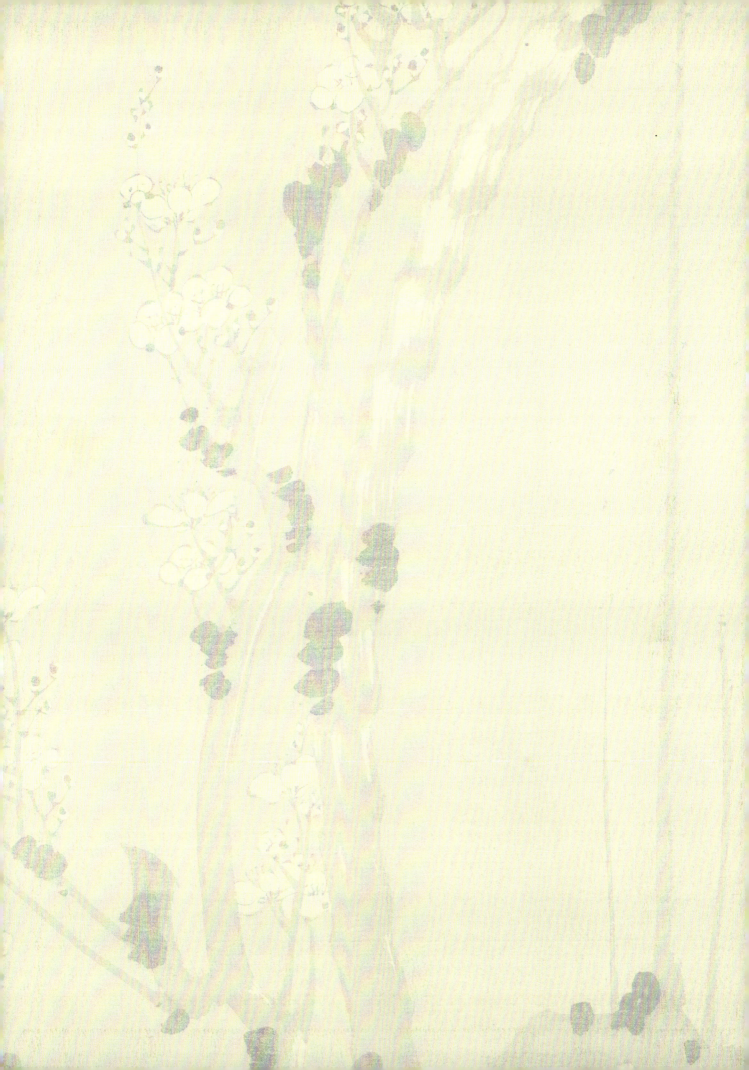

重鐫心齋王先生全集

2

明 王艮 著

明萬曆刊本

第二册

重鐫心齋王先生全集卷之四

秣陵　焦竑　捜輯

古吳　錢化洪　翻刻

北平　孫道樸　校政

海陵　四代孫王　仝校

五代孫王東䁲　校政補遺

六代孫王　翻刻

尺牘密證 計二十一札

與俞純夫

只心有所向便是欲有所見便是妄旣無所向又無所見便是無極而太極良知一點分分明明亭亭當當不相安排思索聖神之所以經綸變化而位育參贊者皆本諸此也此至簡至易之道然必明師良友指點工夫方得不錯故曰道義由師友有之不然恐所爲雖是將不免行不著習不察深坐山中得無喜靜厭動之僻乎肯出一會商確千載不偶

答徐子直

來書所謂即事是心更無心矣即知是事更無事矣足見用功精密契一貫之旨可慰可慰夫良知即性性焉安焉之謂聖知不善之動而復焉執焉之謂賢惟百姓日用而不知故曰以先知覺後知一知一覺無餘蘊矣此孔子學不厭而教不倦合外內之道也 其一

來書謂虛靈無礙此云道之體也一切精微

此云道之用也體用一原知體而不知用其流必至於喜靜厭動入於狂簡知用而不知體其流必至於支離瑣碎日用而不知不能一切精微便是有礙有礙便不能一切精微故曰精則一一則精 其二

答林子仁

來書所謂真實二字足見切實工夫但其間微有毫釐之辨不可不察蓋良知原自無不

眞實而眞實者未必合良知之妙也故程子謂人性上不容添一物

又

來書謂府尊以禮來召賤疾不能行當以禮辭用上敬下用下敬上其義一也又何不可哉禮聞來學未聞往教致師而學則學者不誠矣往教則教不立矣皆不足以知至尊者道也昔者公山佛肸召子尚欲往而況其以

上者乎欲往者與人爲善之誠也終不往者以其爲善不誠也使其誠能爲善則當求於我又何以召言哉是故天子不召師而況其以下者乎不往是不仁也必往是不智也於此可以觀道之精也東城於此默而識之可也

又

得書見疎山公薦疏書中云云亦理勢之自

然也求之在我必有一定之道當量而後入
不可入而後量也君相求之百執事薦
之然後出焉此中節之和吾之道可望其行
矣吾之出可謂明矣易曰求而往明也君
君相不用百執事雖薦之不過盡彼職而已
矣在我者雖有行亦不過敬 君命而已矣
前此諸儒忽於此道至於入而後量是以取
辱者多矣可不鑒哉大學曰物有本末是吾

身爲天地萬物之本也能立天下之本然後能知天地之化育夫焉有所倚吾東墄默而識之

答朱惟實

得書知尹高陽可慰來謂既云敬慎不敢矣又云患所以立夫良知即性性即天天即乾也以其無所不包故謂之仁無所不通故謂之亨無所不宜故謂之利無所不正故謂之

貞是故君子體仁足以長人嘉會足以合禮利物足以和義貞固足以幹事終日乾乾夕惕敬慎此良知而已雖危無咎即所謂不敗即所以立也乎齋求之良知更何疑于不足此便是盡性自能獲乎上下行有不得反求諸已而已矣能反求自不怨天尤人更有何事

答宗尚恩

來書之意已悉但某欲吾先齋爲第一等人物惜乎今日小用之非我所望也所謂欲自試云者古人謂學而後入政未聞以政爲學此至當之論吾先齋且於師友處試之若于人民社稷處試恐不及救也進修苟未精徹便欲履此九三危地某所未許有疑尚當過我講破

又

來書謂爲祿而仕足見謙德古之人欲仕出疆必載贄三月無君則弔君臣大倫豈一日可忘昔者孔子爲祿而仕爲乘田必曰牛羊茁壯長而已矣爲委吏必曰會計當而已矣牛羊不茁壯會計不當是不能盡其職是爲不及牛羊茁壯會計當而不已者是爲出位之思是爲過之過與不及皆自取其罪過在凡齋當了然此道自不至於如彼喜而不寐

區區本心但休戚相關不能不爲之慮耳爲祿爲道無入而不自得者有命存焉若夫仕之久速此又在吾先齋隨時消息見幾自試如何非我所能遥料也

與薛中離

昔高郵舟次歌濂溪先生故人若問吾何況爲道舂陵只一般之句信卽大行不加窮居不損之意先師良知實際正如此也弟近悟

得陰者陽之根屈者伸之源孟子曰不得志
則脩身見於世此便是見龍之屈利物之源
也孟氏之後千古寥寥鮮識此義今之欲仕
者必期通而舍此外慕固非其道陶淵明喪
後歸辭之嘆乃欲息交絕遊此又是喪心失
志周子謂其爲隱者之流不得爲中正之道
後儒不知但見高風匍匐而入微吾兄其孰
與辨之

答鄒東廓先生

辱手教兼惠書布具感具感滿擬舊冬一會
請正賤疾不能出於心歉歉先生明先師良
知之學倡于青原興于南都今又入輔
東宮乃天地鬼神
祖宗社稷生民萬物之福也其任責豈不大
哉昔者堯舜不得禹臯陶爲已憂孔子不得
顏曾爲已憂其位分雖有上下之殊然其爲

天地立心爲生民立命則一也是故堯舜孔曾相傳授受者此學而已學旣明而天下有不治者哉故通書曰曷爲天下善曰師師者立乎中善乎同類者也故師道立則善人多善人多則朝廷正而天下治矣非天下之至善其孰能與于此雖然學者之患在好爲人師故孔子曰我學不厭而教不倦則無斯患矣是故中人以上可以語上也中人以下不

可以語上也又曰可與言而不與之言不可與言而與之言皆歸于自家不智以此爲學只見自家不能是以遷善改過日入於精微也不然則抱道自高未免于怨天尤人此所以爲患也世之知明德而不親民者固不足以與此明德親民而不止於至善者亦不足以與此也大學釋止至善必曰緡蠻黃鳥止于丘隅於止知其所止故易曰精義入神以

致用也利用安身以崇德也高明以爲何如

答太守任公

兩辱枉召感愧殊深恭聞執事以賢舉僕矣果如所舉則不敢如所召果如所召則又負所舉矣于此權之與其所負舉寧不敢如所召也孟子曰有大有爲之君必有所不召之臣僕固非不召之臣亦不敢不願學也學之如何堯舜執中孔孟爲仁而已程子曰一物

不該非中也又曰仁者以天地萬物爲一體
夫既以天地萬物爲一體則一夫不獲其所
卽己之不獲其所也是故人人君子天地位
而萬物育此僕之心也雖然僕又有所厚也
孔子曰仁者人也親親爲大孝弟之至通於
神明光於四海無所不通孟子曰仁之實事
親是也人人親其親長其長而天下平矣僕
之父今年八十九歲若風中之燭爲人子者

此心當何如哉此尤僕之所以不能如召也伏願執事善爲僕辭使僕父子安樂於治下仍與二三子講明此學所謂師道立則善人多善人多則朝廷正而天下治矣豈曰小補云乎哉故孔子曰吾無隱乎爾吾無行而不與二三子者是丘也亦所謂脩身見於世也脩身見於世然後能利見大人能利見大人然後能不負所舉矣然非一體之仁者其孰

能若執事之薦僕哉故孔子曰賢者賢哉薦賢者賢哉子貢悟之亦曰薦賢者賢哉

答朱思齋明府

良知天性往古來今人人具足人倫日用之間舉而措之耳所謂大行不加窮居不損分定故也但無人爲意見參搭其間則天德王道至矣哉承諭撫按薦舉事竊思古之先覺者以萬物一體之仁而竭心思焉斯有萬物

一體之政是故出則必使是君爲堯舜之君使是民爲堯舜之民其程可以前定故曰三年有成曰必世而後仁豈虛語哉某本田野鄙夫豈足爲邦家用第僻處海濱以虛聞竊名鄉里有司以此過舉撫按以是知我哉所謂聲聞過情此心獨無愧乎

答侍御張蘆岡先生

昨拜尊賜又辱手教并佳什感激何如古所

謂先匹夫以貴下賤者於今見之矣佩服不敢忘蒙示有司云聖愚同性今古一機不可謂天下盡無其人以絕將來之望山林田野夫豈無格物窮理講學明道修身治行而爲振古之人豪者乎間一有之同類者譏其矯俗當道者議其好名豪傑者嫌其迂鄙俗者忌其矜此固執事大人萬物一體之仁樂取諸人以爲善而與人爲善之心也然而在修

身治行者反求諸身果有矯俗好名之蔽迂
濶驕矜之偏自當脩之治之所謂非議嫌忌
者無非砥礪切磋之師矣竊聞執事宣令首
戒以省刑罰此又仁人君子存心愛物古人
泣囚之意也生民何辜盖刑以弼教不得已
而後用之古人刑期于無刑故能刑措不用
今之爲政者非不慕此然而刑不勝刑罰不
勝罰則必有所以然之說也豈人心有古今

之異抑時勢之不同而治之有難易歟將古之善爲政者必有至簡至易之道易知易從之方而後之爲政者未之思歟所謂人人君子刑措不用道不拾遺者不識何日而得見乎此僕之心固有所惓惓不敢不因知我者請教也非敢爲出位之思自取罪戾來諭謂心有所得足爲理學補益爲身心體驗爲世道經濟者愚謂此心綱紀宇宙流行今古所

謂天理也存此心是謂理學足爲補益矣是道也非徒言語也體之身心然後驗矣是道也萬世不易之常經無物不濟者也堯舜相傳授受允執厥中正謂此而已矣高明以爲何如

答徐鳳岡節推

來諭謂良知在人信天然自足之性不須人爲立意做作足見知之真信之篤從此更不

作疑念否知此者謂之知道聞此者謂之聞道脩此者謂之脩道安此者謂之聖也此道在天地間徧滿流行無物不有無時不然原無古今之異故曰鳶飛戾天魚躍于淵言其上下察也孟子曰無爲其所不爲無欲其所不欲如斯而已矣所謂聖門肯綮者此而已聖門惟由也喭然教之曰脩己以敬子路以爲未足又曰安人安百姓亦惟敬此而已矣

學者信不及此則當就明師良友講明之未可輒生疑惑

答劉鹿泉

來云三千歲花實者久則徵也頃刻花者喜怒哀樂未發之中也無根無實者即無聲無臭即根即實者即天命之性也通書云無極而太極者即無根而根無實而實也太極本無極者即此根本無根實本無實也不然則

無根無實者淪於虛無即根即實者滯於有象而非所謂道矣故道也者性也天德良知也不可須臾離也率此良知樂與人同便是充拓得開天地變化草木蕃所謂易簡而天下之理得而成位乎其中矣

答劉子中

來書云簡易工夫只是慎獨立大本此是得頭腦處又謂遇境動搖閒思妄念不能除去

此學者通患子中只在簡易慎獨上用功當
行而行當止而止此是集義即此充實將去
則仰不愧俯不怍故浩然之氣塞乎兩間又
何遇境搖動閒思妄念之有哉此孟子集義
所生四十不動心者也若只要遇境不動搖
無閒思妄念便是告子不集義先我不動心
者也毫釐之差不可不辨子中當於明師良
友處求之成就此學此天下古今大事堯舜

孔曾相傳授受只是如此所謂道義由師友有之子中其念之

與南都諸友

都下一別不覺七八年矣思欲一會再不可得朋友之難聚易散也如此可不嘆乎先師之身既殁追之不可得也傷哉然先師之心在於諸兄不可得而傳之乎傳之者所以尊先師也不失其幾所謂時中也弟近有愚見

請質諸兄未知高明以爲何如裁示幸萬弟
欲請教諸兄欲堯舜其君欲堯舜其民也然
堯舜君民之道必有至簡至易至樂存焉使
上下樂而行之無所煩難也所謂爲高必因
丘陵爲下必因川澤見幾而作功易成也今
聞　主上有純孝之心斯有純孝之行何不
陳一言爲盡孝道而安天下之心使人人君
子比屋可封欽惟我

太祖高皇帝教民榜文以孝弟爲先誠萬世之至訓也蓋聞天地之道先以化生後以形生化生者天地即父母也形生者父母即天地也是故仁人孝子事親如事天事天如事親其義一也故孔子曰天地之性人爲貴人之行莫大於孝孝莫大於嚴父嚴父莫大於配天則周公其人也昔者周公郊祀后稷以配天宗祀文王於明堂以配上帝夫聖人之

德又何以加於孝乎夫聖人之德仁義禮智信而已矣故孟子曰仁之實事親是也義之實從兄是也樂之實樂斯二者是也故曰堯舜之道孝弟而已矣孝弟之至通于神明光于四海無所不通故上焉者老吾老以及人之老治天下可運之掌上又曰人人親其親長其長而天下平下焉者事父孝故忠可移於君又曰孝者所以事君也是上下皆當以

孝弟爲本也無諸巳而求諸人是其本亂而末治者否矣有諸巳而不求諸人是獨善其身者也求諸人而天下之有不孝者未能盡其術者也不取天下之孝者立乎高位治其事是未能盡其術也取之在位所以勸天下以孝也立乎高位所以尊天下之孝也使之治事所以教天下以孝也取之有道取之不尊是不敬事而慢也取之不漸則必至於求

全責備矣天地之道陰陽迭運從微而至著也礿月須取天下之孝者無擇其貴賤賢愚次二月須取在各司之坎位次三月須賞爵祿次四月任以官事次五月須以舉之司徒次六月須取進諸朝廷天子拜而受之登之天府轉以頒諸天下以能教不能是以孝者教天下之不孝者也然以六月者若天道一陽以至六陽也其一陽者微陽也當維持以

養之不可求全責備所謂一陽初動處萬物未生時養至上六陽則人人知孝矣昔人有求千里馬者不得而先償乎死馬骨千里馬馴至亦其驗也亦君子用心之微意也必月月而頒詔者使天下皆聽其諄諄之教而知在上者用心之專也又得以宣暢其孝心使之無間斷也然一陽生于六陰之中知扶陽而不知抑陰則一爲所困矣上六陰者皆不孝之

謂也是故先王教民六行以孝爲先糾民八刑以不孝爲先此以上爲聖賢格言所以使天下有所稽也若以爲非非者是非聖人者無法非孝者無親則當懲之懲一人而千萬人戒也蓋孝者人之性也天之命也國家之元氣也元氣壯盛而六陰漸化矣然而天下有不孝者鮮矣故有若曰其爲人也孝弟而好犯上者鮮矣不好犯上而好作亂者未之有

也然而天下有爭鬭者鮮矣君子務本本立
而道生孝弟也者其爲仁之本與故親親而
仁民仁民而愛物然而百姓有不親者鮮矣
若曰君不能是賊其君也若曰人不能是賊
其人也若曰已不能是自賊者也只此一言
便是非禮之言只此一念便是非禮之動便
是絶人道棄天命也便入虛無寂滅之類也
又何以爲萬物一體而立其人道哉在上者

果能以是取之在下者則必以是舉之父兄以是教之子弟以是學之師保以是勉之鄉黨以是榮之是上下皆趨於孝矣然必時時如此日日如此月月如此歲歲如此在上者不失其操縱鼓舞之機在下者不失其承流宣化之職遂至窮鄉下邑愚夫愚婦皆可與知與能所以爲至易至簡之道然而不至于人人君子比屋可封者未之有也愚見如此

高明以爲何如自古聖人作字以孝文爲教其旨深哉此道人人可知可能上合天心下合人心幽合鬼神古合聖人時合當今其機不可失矣

答王龍溪

書來云羅子疑出入爲師之說惜不思問耳諺云相識滿天下知心有幾人非先生而何先生知我之心知先師之心未知能知孔子

之心否欲知孔子之心須知孔子之學知孔子之學而丈夫之能事畢矣

答黎洛大尹

來書所謂動之即中應之至神無以加矣是故人受天地之中以生而動之即中隨感而應而應之即神先生爲民父母如保赤子率眞而行心誠求之當擬議則擬議是故擬議以成變化又何惑之有哉民受海潮之難往

者不可追見在者仁政自能存恤以爲生生不息之國本是故近者悅而遠者來何俟贅言矣昔者堯爲民上而有九年大水使禹治之而後天平地成湯有七年大旱能以六事自責大雨方數千里此人事變于下而天象應于上也所謂位天地育萬物參爲三才者如此而已高明以爲何如

再與徐子直 一

前者書中欲吾子直思之未及明言然亦不過率此良知之學保身而已故中庸曰君子居上不驕爲下不倍國有道其言足以興國無道其默足以容旣明且哲以保其身孔子曰五十以學易可以無大過矣豈欺我哉竊思易道潔淨精微雖不能盡述其詳然聖神之出處上下已具於乾坤兩卦之六爻也以此印證吾良知無毫釐之差自能知進退保

身之道矣今吾子直居九三危地而爲過中之爻乃能乾乾夕惕敬慎不敗如此是能善補過道也故無咎夫陽者陰之主也陰者陽之用也一陰一陽之謂道故坤六三曰陰雖有美含之以從王事弗敢成也地道也妻道也臣道也地道無成而代有終此之謂也將來或有時而近大人察言觀色慮以下人所謂自試也故無咎六四曰括囊無咎無譽慎不

害也此之謂也其餘以此推之上下無所不逼故孔子曰於止知其所止可以人而不如鳥乎所謂止至善也吾子其愼思之

二

屢年得書必欲吾慈憫教悔於此可見子直不自滿足非特謙辭已也殊不知我心久欲授吾子直大成之學更切切也但此學將絶二千年不得吾子直向會口搏心授未可以

筆舌諄諄也幸得舊冬一會于直聞我至尊
者道至尊者身然後與道合一隨時卽欲解
官善道於此可見吾子直果能信道之篤乃
天下古今有志之士非凡近所能及也又聞
别後沿途欣欣自嘆自慶但出處進退
細細講論吾心猶以爲憂也我今得此沉疴
之疾我命雖在天造命卻由我子直聞此當
有不容已者餘俟面講不備

孝箴

父母生我形氣俱全形屬乎地氣本乎天中涵太極號人之天此人之天即天之天此天不昧萬理森然動則俱動靜則同焉天人感應因體同然天人一理無大小焉一有所昧自暴棄焉惟念此天無時不見告我同志勿爲勿遷外全形氣內保其天苟不得已殺身成天古有此輩殷三仁焉斷髮文身泰伯之

天採薇餓死夷齊之天天不逃待烹申生之天
啓乎啓足曾子之全敬身爲大孔聖之言孔
曾斯道吾輩當傳一日克復曾孔同源

又孝弟箴

事親從兄本有其則孝弟爲心其理自識愛
之敬之務至其極愛之深者和顔悅色敬之
篤者怡怡待側父兄所爲不可不識父兄所
命不可不擇所爲若是終身踐迹所爲夫是

不可姑息所命若善盡心竭力所命未善反復思繹敷陳義理譬喻端的陷之不義於心何懌父兄之愆子弟之責堯舜所爲無過此職

樂學歌

人心本自樂自將私欲縛私欲一萌時良知還自覺一覺便消除人心依舊樂樂是樂此學學是學此樂不樂不是學不學不是樂樂

便然後學學便然後樂樂是學學是樂於乎
天下之樂何如此學天下之學何如此樂

大成學歌寄羅念菴

十年之前君病時扶危相見爲相知十年之後我亦病君期枉顧亦如之始終感應如一日與人爲善誰同之堯舜之爲乃如此芻蕘詢及復奚疑我將大成學印證隨言隨悟隨時躋只此心中便是聖說此與人便是師至

易至簡至快樂至尊至貴至清奇隨大隨小
隨我學隨時隨處隨人師掌握乾坤大主宰
包羅天地眞良知自古英雄誰能此開闢以
來惟仲尼仲尼之後微孟子孟子之後又誰
知廣居正路致知學隨語斯人隨知覺自此
以往又如何吾儕同樂同高歌隨得斯人繼
斯道太平萬世還多多我說道心中和原來
箇箇都中和我說道心中正箇箇人心自中

正常將中正覺斯人便是當時大成聖自此以往又如何清風明月同高歌同得斯人說斯道　大明萬世還多多

鰍鱔賦

道人閒行於市偶見肆前育鱔一缸覆壓纏繞奄奄然若死之狀忽見一鰍從中而出或上或下或左或右或前或後周流不息變動不居若神龍然其鱔因鰍得以轉身通氣而

有生意是轉鱔之身通鱔之氣存鱔之生者皆鰍之功也雖然亦鰍之樂也非專爲憫此鱔而然亦非爲望此鱔之報而然自率其性而已耳於是道人有感喟然歎曰吾與同類並育於天地之間得非若鰍鱔之同育於此綱乎吾聞大丈夫以天地萬物爲一體爲天地立心爲生民立命幾不在茲乎遂思整車東蒙慨然有周流四方之志少頃忽見風雲

雷雨交作其鰍乘勢躍入天河投於大海悠然而逝縱横自在快樂無邊回視樊籠之鱔愚將有以救之奮身化龍復作雷雨傾滿鱔碙於是纏繞覆壓者皆欣欣然而有生意俟其甦醒精神同歸于長江大海矣道人欣然就車而行或謂道人曰將入樊籠乎曰否吾豈匏瓜也哉焉能繫而不食將高飛遠舉乎曰否吾非斯人之徒與而誰與然則如之何

曰雖不離於物亦不囿於物也因詩以示之

詩曰 一旦春來不自由遍行天下壯皇

州有朝物化天人和麟鳳歸來堯舜秋

詩附

初謁文成先生詩二首

孤陋愚蒙住海濱依書踐履自家新誰知日

日加新力不覺腔中渾是春

聞得坤方佈此春告違艮地乞斯真歸仁不

憚三千里立志惟希一等人去取專心循上
帝從遷有命任諸君磋磨第愧無胵村請教
空空一鄙民

和萬鹿園詩

人生貴知學習之惟時時天命是人心萬古
不易茲鳶魚昭上下聖聖本乎斯安焉率此
性無爲亦無思我師誨吾儕曰性卽良知宋
代有眞儒通書或問之曷爲天下善曰惟性

者師　先生因讀此稿而問在坐諸友曰天下之學無窮惟何學可以時習之內一友江西涂從國者答曰惟天命之性可以時習也再顧問諸友還有可以時習之學乎衆皆不應良久忽一童子乃先生甥周滋者答曰天下之學雖無窮亦皆可以時習也衆皆愕然先生問曰如以讀書爲學有時又作文如學文有時又學武如以事親爲學有時又事

君如以有事爲學有時又無事此皆可以時習乎童子曰天命之性即天德良知也如讀書時也依此良知學作文時也依此良知學學文學武事親事君有事無事無不依此良知學乃所謂皆可時習也時在坐諸友皆有省悟先生喟然嘆曰信予者從國也始可與言專一矣啓予者童子也始可與言一貫矣嗚呼如童子者乃所謂不慮而知不學而能

者也故并錄之

示學者

人心本無事有事心不樂有事行無事多事亦不錯

又

能無爲兮無弗爲能無知兮無弗知知此道兮誰弗爲爲此道兮誰復知

次先師答人問良知

知得良知知却是誰良知原有不須知而今只有良知在没有良知之外知

天下江山一覽詩六首覺友人

都道蒼蒼者是天豈知天祇在身邊果能會得如斯語無處無時不是天 詠天

世人不肯居斯下誰知下稟乾坤大萬派俱從海下來天大還包在地下 詠下

眞機活潑一春江變化魚龍自此江惟有源

頭來活水始知千古不磨江（詠江）

瑞氣騰騰寶韞山如求珍寶必登山無心於寶自然得纔着絲毫便隔山（詠山）

茫茫何處尋吾一萬化流形宣著一得一自然常惺惺便爲天下人第一（詠一）

千書萬卷茫茫覽不如只在一處覽靈根纔動彩霞飛大陽一出天地覽（詠覽）

題淳朴卷

一片青天月隱然星斗藏未曾當夜景何以見文章

贈友人

看破古今爲先生志何處欲與天地參利名關不住

送胡尚賓歸省

之子家衡陽遠來路六千專心求我學一往即三年立志苟不易焉能耐歲寒無犯而無

隱孜孜問學焉既聞堯舜道知性即知天又
明孔孟學繼絕二千年脩身乃立本枝葉自
新鮮誠能止至善大成聖學全至易而至簡
至近至神焉位育皆由我怨尤即失焉如有
相信者敬將此學傳殷勤再叮囑萬負別離
言

次先師陽明先生除夕韻

此道雖貧樂有餘還知天地以吾廬東西南

北隨吾往春夏秋冬，任彼除混沌一元無內外

大明萬世有終初雲行雨施風雷動闔闢乾坤振此居

勉友人處困

若得吾心有主張便逢顛沛也無傷寸機能發千鈞弩一桅堪驅萬斛舡動靜云爲皆是則窮通壽夭只如常願期學到從容處無肯爲區區利欲忙

次答友人

入室先須升此堂聖賢學術豈多方念頭動處須當謹舉足之間不可忘莫因簡易成疎略務盡精微入細詳孝弟家邦眞可樂通乎天下路頭長

次答友人

若要人間積雪融須從臘底轉東風三陽到處聞啼鳥一氣周流見遠鴻今日梅花纔吐

自不時杏蕋又舒紅化工生意無窮盡雨霽
雲收只太空

和王尋樂韻

此樂多言無處尋原來還在自家心聖師專
以良知教賢友當爲切已箴念念不忘爲積
善時時省諟惜分陰意誠心正身脩後天地
參同貫古今

勉學者

西風乍起季秋時信信將寒寒至之天道尚然人好法猛克仁義莫教遲

寄東廓先生

東海灘頭老坎高俯觀海内往來潮有能善立潮頭舞不用葫蘆匪正操

送友人

數年心事一朝融着實擔當樂未窮上賴聖師陶冶力下承賢友切磋功悠悠歲月何時

了蕩蕩乾坤到處容迹此情懷期我友莫將
意見泥胸中

書荷軒卷

胡子遠來學一見心中樂樂得遠來朋以此
知多覺覺得善人多朝廷政日和太和感天
池同樂太平歟胡生荷軒子荷軒翁造始構
軒荷池上號稱荷軒耳周子愛蓮花以蓮爲
君子若非君子心焉能同如此有于善繼志
册葉追思爾能侍善山師又師洛村子二師
善教人使來四十里即證良知同使之知所

止欣然歸復師知斯而已矣

尺牘補遺 計八札

與薛中離

良知者聖也安焉者學也故曰性焉安焉之謂聖知其不安而安之者復其性也故曰復焉執焉便是賢惟百姓日用而不知故曰以先知覺後知是聖愚之分知與不知而已矣此簡易之道也　先師良知之教

卓貫千古微吾兄其孰能與於此哉别後
先師家事變更不常其間細微曲折雖
一令弟竹居先生耳聞目擊于此猶未知其
所以然也蓋機不可泄故耳向嘗請 先
師立夫人以爲衆婦之主師曰德性未定
未可輕立請至再三 先師不以爲然者
其微意有所在也正恐諸母生子壓於主
母而不安則其子之不安可知矣我輩不

寃 先師淵微之意遠慮之道輕立異夫
人以爲諸母之主其性剛無容使正億之
母處于危險之地無由自安毋固如此億
弟又何以安哉遂使億弟陷於五婦人之
手當時太夫伯顯因汪白泉懲戒之後誓
不入 先師家內其危險至此幸得歐南
埜至越與樂村約齋商量拯救至南都白
與黃久菴何善山召翁商議人謀鬼謀已

定又得王理湖贊決李約齋之力遂援正
億出危離險遂得翁婿相處吾輩之心始
安矣後陳吳二夫人送歸各得其所矣其
後吳夫人只可還歸原職蓋三從之道姑
叔門人不與焉我輩正當任錯改之使吾
億翁後無魔障可也此便是復爲執焉之
道無負於　先師先覺之明也此又在
吾兄消息權度之力焉非區區所能與也

其不知此意者遂誹誹曰甚雖有一二同
志亦操戈入室矣而況他人哉此微意豈
能一一遍告使之知其所以然哉故曰吉
凶悔吝生乎動吉一而已可不慎乎

與歐南埜 附歐札

貴鄉里曾雙溪至知久藿公丁憂正億弟隨
歸初公言以死保孤於今日事勢不知果
能終其所願否也過越恐伯顯老夫人相

留未卯如何處之望　兄與龍溪兄扶持
豫謀萬全之策以保　先師一脈之孤如
何如何

附歐札

久菴老先生取正聰育之意耶亦嘗反覆籌
量不能自已盖非但慮正聰保抱鞠育之
跡亦恐其長於婦人之手蒙養弗端或浸
淫以入於邪僻重遺先人之羞也抑但爲
正聰求成立之道抑亦以同志諸友往來
處事輙有遠言恐誹誹日甚或啓無窮之
釁也非但於正聰有翁壻之義　老師有
骨肉之恩抑亦於伯顯及四方士友有道
義同志之雅善爲調護使各不失其一體

之愛也伯顯有書欲出正聰自是大義至情然觀之曰前蹤若割恩舍愛徐觀其後伯顯亦將喜而安之矣　執事幸委曲成之草草奉聞惟萬萬

與林子仁　其一

自誠明謂之性苟非生而知之爲能自誠而明也如此自明誠謂之教苟非師友講明功夫頭腦并出處進退時宜焉能自明而誠也如此故曰誠則明矣明則誠矣是故學者之於師友切磋琢磨專在講明而已

故曰學不講不明

再與子仁 其二

別來不覺三載矣屢承惠問感激殊深始聞高中而居要地誠有喜而不寐之意又得龍溪先生諸友切磋學日益明此第一義也故學外無政政外無學是故堯舜相傳授受允執厥中而已矣故孟子曰經正庶民興斯無邪慝矣雖孔子必三年而後有

成有志於忠君愛民者求其萬全之策必以此爲是矣王正億者乃吾　先師一脉之孤也愧我勢不能相隨看管此惓惓於懷萬望　青目幸甚幸甚諒吾　東城推此學之所自必自能照顧矣豈待贅言哉

再與子仁　其三

舟中所論人有道其言足以興無道其默足以容即大舜隱惡揚善之道此所謂以爲

大知也吾　東城執此中而用之則徹上
徹下是爲明哲保身矣

奉緒山先生書

先生倡道京師興起多士是故君子莫大乎
與人爲善非　先生樂取諸人以爲善其
孰能與於此哉近有學者問曰良知者性
也即是非之心也一念動或是或非無不
知也知一念之動自以爲是而人又以爲

非者將從人乎將從已乎子謂良知者眞實無妄之謂也自能辨是與非此處亦好商量不得放過夫良知固無不知然亦有蔽處如子貢欲去告朔之餼羊而孔子曰爾愛其羊我愛其禮齊王欲毀明堂而孟子曰王欲行王政則勿毀之矣若非聖賢救正不幾於毀先王之道乎故正諸先覺考諸古訓多識前言往行而求以明之此

致良知之道也觀諸孔子曰不學詩無以言不學禮無以立五十以學易可以無大過則可見矣然子貢多學而識之夫子又以爲非者何也說者謂子貢不達其簡易之本而徒事其末是以支離外求而失之也故孔子曰吾道一以貫之一者良知之本也簡易之道也貫者良知之用也體用一原也使其以良知爲之主本而多識前

言往行以爲之畜德則何多識之病乎昔者陸子以簡易爲是而以朱子多識窮理爲非朱子以多識窮理爲是而以陸子簡易爲非嗚呼人生其間則孰知其是非而從之乎孟子曰是非之心人皆有之此簡易之道也克其是非之心則知不可勝用而達諸多識前言往行以蓄德矣故曰博學而詳說之將以反說約也嗚呼朱陸之

辯不明於世也久矣昔者堯欲治水四岳薦四凶堯曰靜言庸違方命圮族既而用之果至敗績四岳不知而薦之過也堯知而用之非仁乎不能拂四岳之情舍己之是而從人之非非至仁者不能與於此也

是以蕩蕩乎民無能名焉岳曰胤子朱啓明堯曰嚚訟可乎是以不得舜爲己憂不特仁乎天下亦仁於丹朱也舜即受堯之

禪而又避位於堯之子使當時之人皆曰吾君之子而立之不幾於失堯仁丹朱之心乎不特堯仁丹朱之心亦失堯仁天下之心也此是非之又難明也舜受堯之禪是也而又不忍逼堯之子于宮中而避之避之者遜之也是故順乎天而應乎人皆由己之德也孔子曰盡美又盡善是非明矣故孟子曰行一不義而得天下皆不爲

也此　先師所謂致知焉盡矣鄙見請正
高明其裁示之

荅林養初書　林東城子

來書見所述孝弟之詳非身親履歷者不能
言也孔子曰孝無終始而患不及者未之
有也中庸謂思事親不可以不知人思知
人不可以不知天知人謂尊賢也知天謂
聞道也如州中棊棊於道皆有所得吾養

初能愛而親就之可謂尊賢矣尊之明此良知之學聞天命之性可謂聞道矣聞道則中和之氣在我矣以之事親斯謂之孝自有愉色婉容而無扞格怨尤矣是故父母悅之喜而不忘父母惡之勞而不怨以之事君斯謂之忠以之事長斯謂之弟以至於天下之交則無所不通故易曰以言乎遠則不禦以言乎邇則靜而正以言乎

天地之間則備矣養初能進於此可謂大
孝矣乎

王道論

孔子曰如有王者必世而後仁書曰刑期於
無刑此王道也夫所謂王道者存天理遏
人欲而已矣天理者父子有親君臣有義
夫婦有別長幼有序朋友有信是也人欲
者不孝不弟不睦不婣不任不恤造言亂

民是也存天理則人欲自遏天理必見是故堯舜在位比屋可封周公輔政刑措不用是其驗也蓋刑因惡而用惡因無教養而生苟養之有道教之有方則衣食足而禮義興民自無惡矣刑將安施乎然養之之道不外乎務本節用而已古者田有定制民有定業均節不忒而上下有經故民志一而風俗淳衆皆歸農而冗食游民無

所容于世今天下田制不定而游民衆多制用無節而風俗奢靡所謂一人耕之十人從而食之一人蠶之百人從而衣之欲民之無饑寒不可得也饑寒切身而欲民之不爲非亦不可得也今欲民得其養在去天下虛縻無益之費而制用有經重本抑末使巧詐游民各皆力本如此則生者衆而食者寡爲之疾而用之舒而財用無

不足矣其三代貢助徹之法後世均田限田之議口分世業之制必俟人心和洽方可斟酌行之師其意而不泥其迹行之有漸則通變得宜民皆安之而不見其擾矣所謂人心和洽又在教之有方而教之有方唐虞三代備矣昔者堯舜在上憂民之逸居無教而近于禽獸也使契爲司徒教以人倫三代之學皆所以明人倫也是故

周禮大司徒以鄉三物敎萬民而賓興之一曰六德智仁聖義中和二曰六行孝友睦婣任卹三曰六藝禮樂射御書數先德行而後文藝明倫之教也又爲比閭族黨州鄉之法以聯屬之使之相親相睦相糾相勸以同歸於善故凡民之有德行才藝者必見於人倫日用之間而一鄉之人無不信之者及其鄉舉里選之時比以告閭

閭以告族族以告黨黨以告州州以告鄉而鄉大夫則以所舉者以爲是而不復考其德行才藝悉以敬賢之禮還之不若後世之猜忌防閑也鄉大夫舉于司徒司徒薦以天子天子拜而受之登于天府使司馬論才而授任是故在上者專以德行舉士在下者專以德行取士父兄以德行教之子弟以德行學之師保以德行勉之鄉

人以德行榮之是上下皆趨于德行躬行
實踐于孝弟忠信禮義廉耻之間不復營
心于功名富貴之末而功名富貴自在其
中矣故在上者專取天下之賢以爲輔相
不欲遺天下之賢是與天下之人爲善也
在下者專舉天下之賢以爲已功不敢蔽
天下之賢是勸天下之人爲善也精神命
脉上下流通日新月盛以至愚夫愚婦亦

知所以爲學而不至于人人君子比屋可封未之有也後世以來非不知道德仁義爲美亦非不知以道德仁義爲教而所以取士者不專以道德仁義而先於文藝之末故上有好者下必有甚焉者矣在上者以文藝取士在下者以文藝舉士從以文藝教之子弟以文藝學之師保以文藝勉之鄉人以文藝榮之而上下皆趨於文

藝矣故當時之士自㓜至老浩瀚於辭章汩沒於記誦無晝無夜專以文藝爲務盖不如此則不足以應朝廷之選而登天子之堂以榮父母以建功業光祖宗而蔭子孫矣方其中式之時雖田夫野叟兒童走卒皆知欽敬故學校之外雖王宮國都府郡之賢士大夫一皆文藝之是貴而莫知孝弟忠信禮義廉耻之學矣而況于窮鄉

下邑愚夫愚婦又安知所以爲學哉所以飽食煖衣逸居無教而近于禽獸以至傷風敗俗輕生滅倫賊君棄父無所不至而冒犯五刑誅之不勝其誅刑之無日而已豈非古所謂不教而殺罔民者哉嗚呼言至於此可不痛心今欲變而通之惟在重師儒之官選天下之道德仁義之士以爲學校之師其教之也必先德行而後文藝

廢月書季考之繁復飲射讀法之制取之
之法科貢之典
祖宗舊制雖不可廢當于科貢之外別設一
科與科貢並行如漢之賢良方正孝廉我
太祖人才之類不拘成數務得真才其實與
之典當重于科貢果有真才而位列亦出
進士之右其科貢之中苟文優而行劣者
必在所黜行優而文雖劣者亦在所取精

神意思惟以德行爲主使天下之人曉然
知德行爲重六藝爲輕如此則士皆爭自
刮磨砥礪以趨於道德仁義之域而民興
可行矣夫養之有道而民生遂教之有方
而民行興率此道也以徃而攸久不變則
仁漸義磨淪膚浹髓道德可一風俗可同
刑措不用而三代之治可幾矣然非天子
公卿講學明理躬行于上以倡率之則徒

法不能以自行而卒亦不可致美苟不知
從事於此而惟末流是務則因陋就簡補
弊救偏雖不無一時驩虞之效隨世以就
功名終歸於苟焉而已非王道之大也
又曰爲人君者體天地好生之心布先王
仁民之政依人心簡易之理因
祖宗正大之規象陰陽自然之勢以天下治
天下斯沛然矣

均分草蕩議

裂土封疆王者之作也均分草蕩裂土之事也其事體雖有大小之殊而於經界受業則一也是故均分草蕩必先定經界經界有定則坐落分明上有冊下給票上有圖下守業後雖日久再無紊亂矣盖經界不定則坐落不明上下皆無憑據隨分隨亂以致爭訟是致民之訟由於作事謀始不

詳可不愼歟
一定經界本塲東西長五十餘里南北濶
狹不同本塲五十總每總丈量一里每里
以方五百四十畝爲區內除糧田官地等
項共計若干項畝本塲一千五百餘丁每
丁分該若干項畝各隨原産草蕩灰塲住
基竈基糧田墳墓等地不拘十段二十段
四散坐落某里某區內給與印信紙票書

寫明白着落本總本區頭立定界墪明白
實受其業後遇遞二事故隨票承業雖千
萬年之久再無紊亂矣

心齋先生全集卷之四終

重鐫心齋王先生全集卷之五

秣陵　焦竑　搜輯

古吳　錢化洪　翻刻

北平　孫道樸　校政

海陵　四代孫王元鼎　仝校

五代孫王　校政補

六代孫王　翻刻

譜餘諸當道作興事遺

世宗嘉靖十九年庚子冬十二月揚州府太府木公

雙橋懷幹奠文

嗟夫孔子殁而大道乖周程喪而微言晦孚頼

陽明夫子倡絕學於東南海内英賢翕然知所
振奮先生起布衣以道自任師事陽明剛毅之
資淵泉之學道足以謀王不求其禄德足以輔
世不求其名勉仁之教尤惓惓於後學良知之
學獨得其眞傳且江淮閩廣之賢聞先生之風
而鱗集者殆數百人雖三尺童子皆知本心齋
先生若林子子仁徐子子直是所行誼表著得
先生之傳者也陽明之學大行於天下先生之
教亦遠矣若先生者眞陽明之冉閔而濂洛之
[illegible]道懷於昔也符[illegible]海陵舊觀數[illegible]

雲油然不忍去矣茲叨守鄒愚昧無能正賴先生啓我良心惠茲黎庶也至則先生其已矣海內考德問業者失其宗質政論事者失其主摧心喪氣悵不能復見先生之面而聞其教者猶赤子之失慈母也嗚呼世之學道者多矣孰有信道之篤如先生者哉世之知師者多矣孰有能自得師如先生之於陽明者哉世之以道淑人者多矣孰有鼓舞之速如羣弟子興起於先

生之教者哉世之以道終身者多矣孰有如先生之既殁而感人之真切如是者哉又孰有能繼先生之統而傳之無窮者哉嗚呼先生之卒不及六十先生之道在百世聞先生之風而興起焉者又未必無其人也仰止高山景行在望拂袂西風不勝哽咽

如皐縣大尹西蜀黎公樂溪堯勳奠文

仰惟先生崛起海濱不由指授默契真心

眞心惟何是曰良知良知之至不加毫絲
豈不易簡易簡即師先生得師道在于茲
陽明鳴其玄先生趨其趨振末學之卑陋
障狂瀾而東之慨然以師道爲巳任漠然
好爵之不足縻故一時海内豪傑不遠千
里以追隨念昔巳亥之冬聞念庵之在會
暨東城之往從時有雙橋炭止巽峰攸同
余乃率皐庠多士亦蹌蹌乎萃止安豐先
生力疾據榻雍雍隨叩隨應有若洪鐘遠

稽堯舜周孔下及大學中庸明精一執中之旨示中和位育之功口若懸河以東注貌若喬嶽之孤松載命賢郎歌浩浩之章歌韻其鏘鏘先生互答聲振林塘羣公多士剪燭共聽羅坐榻傍恍乎若暮春童冠之歸咏嗒乎若程夫子弄吟濂溪之鄉時羣公之既別予于先生亦微有所商量意講解之過多恐元氣之內傷先生亦不以余言爲迂余于先生亦信其憂深而說詳

自是一别遂成參商書翰雖殿請謁未遑及余北上先生遂亡比余歸來則先生之玉已藏悲哲人之既萎嗟斯文之見殃謹遣兩生用告茫茫嗚呼傷哉辭章日熾正學孰開使孔子而尚在夫豈無天喪予之哀然先生往矣而道豈隨之往哉庭前令子門下英才興詩立禮成德達材精神命脉遍于九垓是雖乘大化以歸盡而實垂不朽於將來

縣尹陶公　悅李公　弘奠文

元氣之在天地間發育萬物周流不息篤
生聖人繼天立極是故堯舜周孔本同一
原子輿私淑仁義七篇秦漢以來斯道索
然有宋哲人挺生濂洛無欲太公眞機活
潑天啓
皇明豪傑輩生卓哉眞傳嶺南越中先生之出
眞元會合適應昌期吾道有托始過闕里
謁聖可師既見陽明授受良知載道而還

沛乎真樂孔孟正宗天民先學先生教人樂學相因直指本體千聖同心魚躍鳶飛脫去見聞太和元氣存之斯存嗚呼淵泉溥博廣大無垠悅等生而異地未及摳趨于先生之門頃以待罪逐居海濱密邇先生之鄉縱觀滄海之深雖及門之士猶或未盡得其彷彿矧鄙陋之人又何以知其運用之神方與同志者日事討論其餘緒妄欲泝流而窮先生之源

二十年辛丑春正月祭酒鄒公東廓守益憲副王公璣郎中王公龍溪畿奠文

嗚呼子貌昂藏忠信是依孝弟之行穆穆熙熙賙窮矜愚化行於鄉人亦有言薰德而良俯世寥寥尚友之志謂顏可學矯矯遐企緊昔夫子倡道于洪子也法服徒步以從目既有聞自任彌力靈根是求大本斯立夫子返越子復與俱携家負糗卒歲弗離號召同人以廣善類子不云乎太陽

從地哲人云亡斯文未喪子有強力毅然
擔當萃我同盟保孤恤嫠嗟嗟師門子爲
白眉子善攝生謂能永年胡爲遘疾奄爾
化遷嗚呼傷哉超凡入聖之資龍馬海鶴
之性闔闢經綸之才篤實剛明之行名潛
布衣而風動縉紳迹避海濱而望隆遠近
粤堂堂其山立嗟古道之弗競衆方訾其
揮霍孰云諒其自任益等辱交于子幾二
十年相視莫逆永矢弗諼曠千古以遐覽

驅高誼于黃軒方大道以並馳檫中途而
失援嗚呼傷哉子有大志孰與就之子有
遠業孰與究之出入爲師孰云體之上下
無常孰云試之豈氣化之適然將與時而
偕極旣逝者其如斯晝夜通于一息

禮部尚書歐陽公南野德奠文

嗚呼自先師倡道多士景馳中行不得狂
狷徒思兄海濱崛起天挺瓌奇千里之夜
航叩龍門而摳齊毅然任重餘力靡遺道

之云遠邁往不辭師嘗謂吾黨乃今得狂者而與之逍遥歌竟哲人既萎聲應氣求者跂踵延頸望廬爲歸莫不虚往實還豈溢顔眉猶之旅人瑣瑣忽即次而懷資兄廸德自身率作有機樂云尋孔志必慕伊所以使民不倦與民咸宜者蓋出乎聲色之外而今不可復追矣嗚呼哀哉憶昔豫章客館接榻連帷都門執别携手挈衣栢期謂何兄心我知我官白下兄家近畿瞻

望伊邇合併有時誨我切切眷我依依既而兄有倚廬之慼我奉先櫬而西謂自此以還林臥山棲且遲兄于匡麓或從兄於海湄兄駕可往我舟可維邈幽明兮永隔將天道兮余歎嗚呼哀哉道之不明學者各是所習異路各岐躬行無實談說紛披慨頭顱之將老悟曩昔之既非方且會友輔仁畢力于斯神完氣守其殆庶幾所望於兄者如舟艤師如沉痾之藥醫一朝溘

忽墜余特此其從誰誠摧裂悲惓不覺涕泗之交頤也悵隙駒之飛驥感薤露之易晞競寸晷于尺璧儻朝聞其及茲惟屋漏之孔嚴信神覿而鬼窺靈爽不蘇尚相我於冥冥也與

給事中黃公　直奠文

嗚呼惟吾友心齋資稟素剛任道之勇萬夫莫當世居安豊晦迹舟航讀書自悟不假句章聞我先師講道南邦千里來見老

萊衣裳先師曰吁厥服惟藏衣食男女吾
道之常何必服此立異匪祥兄曰不然曰
侍親傍服乃自古豈某之狂先師開譬反
覆救匡兄自超脫羣疑乃亡時偕不肖嗣
旋講堂南野立齋辯難不忘有過面折友
誼克彰三月而旋兄亦南翔壬午北上再
渡錢塘師教佩領藥言備嘗兄時在越蹤
跡潛藏既聞兄歸欲見無方癸未之春會
試舉場兄忽北來儒冠徬徨隨處講學男

女奔忤至於都下見者倉黃事跡顯著驚
動廟廊同志曰吁此豈可長再三勸諭下
車解裝共寓京邸浩謌如常我輩登科兄
樂未央別去數月受職于潼同志忽散離
索自傷于時災旱民罹於殃兄乃不忍爰
率富商出粟賑濟念切一腔事豈敢專逮
白都堂彼曰咨爾惻隱結腸志必有為道
非可常郡守承之禮待有章兄歸奮勵道
義自將內行日充外名日章遠近後學景

仰趨鏘隱隱卓立師門之光孔氏閔冉河汾董常良知之學賴兄益昌離索既久舊業愈荒奔走宦途宿志亡羊聞兄自樹惶愧莫當中夜靜思道岍渺茫平生自許地維天綱三才之責一身主張歲晩無成流汗成漿幾欲就正淮水汪洋發棹未能閑門退藏憶昔壬辰服闋郎祥促裝赴部泛舟淛江瑤湖拉會白塔僧房兄亦與歓笑吐衷腸謂我多言獲罪

君王語默隨時吐茹柔剛德言在耳余豈敢忘
時惟先師遺孤聰郎兄與璒湖保孤念長
挾聰南行適去故鄉宗伯婦翁卯翼是將
余亦往越小舟夜行晨抵會稽邦侯廻翔
我齋蔡君亦會于航保孤之舉盖曰否臧
余謂璒湖計豈謬狂保孤大義合自主張
往拜師墓宿草已荒哀哭不盡涕淚沾裳
自此一別兩地杳茫惟兄聞望如珪如璋
吾道之寄舍兄孰當門下疎山按節于揚

慕兄道德有疏薦揚宇宙元氣邦家禎祥
康齋白沙異世相望疎山來歸謁我山莊
問兄起居曰惟安康問兄容貌曰已老蒼
知兄染病兩臂患僵告我亹亹如見羹墻
望兄多壽道脉無疆期兄有用福我家邦
云何一疾來音不祥吾道益孤善類凋傷
耿耿不寐含淚朗朗

春二月給事中戚公賢員外劉公魁尚書孫
公應魁郎中錢公德洪主事韓公柱郎中

尹公一仁祭酒敖公銑都御史張公元沖
郎中陳公大綸廉使胡公堯時郎中張公
緒副使陳公邦修郎中裘公衍御史蕭公
祥耀郎中徐公珊僉事歐陽公瑜通判周
公子恭主事黄公弘綱奠文

良知之明萬古一日濂洛既遠此意幾熄
惟我陽明獨指其的吾黨信疑或未協一
惟我心齋克踐其跡志果而確功專而密
求志安豐匪徒隱逸勉仁樂道偲偲切切

卓爾心齋海濱豪傑同志依歸斯文羽翼
嗚呼已矣無窮之戚天喪斯文哲人歛跡
臨風一奠寫此衷臆

浙江副使洪都王公璒湖臣奠文

斯道晦塞餘五百年至吾先師復究厥原
君昔庚辰謁師江藩扁舟江滸信宿亘言旋
一琴自隨望之如仙癸未之春予試春官
君時乘輿亦北其轅琅琅高論起懦廉頑
偕寓連牀忘寐以歡君旣南歸予官貴土

師曰樂哉義聚仁輔公廬我詣時亦枉顧
眞見實際頻親晤語惟時泰郡多士聿興
謬予問學莫知其盲予曰惟君宜主斯盟
師時越居靡君或違歸省旬餘輒予從之
先師鍾愛在君奚疑比予宦浙哲人云萎
見君之來良慰我思君來不數我亦荒遯
豐采雖隔獲嗣音問自君抱疾不殄我愠
靜默之規既予嘉允曾未幾何奄爾殂殞
嗚呼哀哉君居東海四方景從龜山慈湖

繼序攸同惟君少年則古自好旣謁師門
盡棄其舊易簡欄柄一朝在手究君之學
闔闢宇宙究君之業伯仲伊周不假之年
數也何尤嗚呼心齋今也則亡保身之論
愛我孰踰翰跡在篋攬之增吁哭不臨棺
埜不拂輀縗辟寓奠泣涕漣如

詹事府贊善吉安羅公念菴洪先奠文

孔孟旣殁聖道若綫庶幾中行狂與狷焉
諸子之後孰匪聖訓以質爲學就其所近

莫或裁之源遠益分淆言罔折哀哉斯文
千載之後一元載啓有覺其修有若王子
惟才默悟不由見聞心輕百世氣奪千軍
陽明是所良知相授潤以自得擴以大受
四方之士雲集景從戶屨常滿河飲皆充
而我何知不量進取尚志問業嘗辱奬與
維歲巳亥始獲摳趨子方卧疾據榻見余
勉仁之方明哲之論傾槖見遺錙銖分寸
大成作歌復以贈處自顧尫疋莫和鍾呂

默成一語冀入虛聽幸子首肯諒我不佞
曾幾何時計音遽來往者不作今民之哀
孰能執德百折不挫孰能原性洞識真我
拘方守轍眩文飾義一經爐錘如醉酣穌
探子之志豈是遽休不徙不改聖人是憂
天若假年日進曷已嗚呼奈何遂至於此
心亦惟危道不易談善學柳下莫若魯男
子尚無忘啓佑來學咸自反求如子之覺
且俾愚鄙亦獲瞻依大道爲公匪我之私

戶部郎中劉公　一中僉憲曾公　才

漢府同王公　宗尹奠文

孔孟既遠道喪言湮百家衆技鼃噪蟬鳴

迨乎濂洛始嗣其傳定性寡欲道我眞源

有握其樞象山陸子直見本心世或詆訾

自時厥後士流異端天下貿貿易聽玫觀

熙朝累洽慶協休徵應時名世先師陽明

陷危歷險精思心悟直揭良知開物成務

以遡江海以源洙泗以考三王以俟百世

維世學者蒸蒸如雲或牽文義終愧本根
先生于時有懷惻惻帝啓聰靈神凝淵默
始謁江西若信若疑忽然大覺雲霧俱披
不學匪樂不樂匪學胸次悠然塵滓灑脫
既戒既勤夜以繼日常覺常明不止不息
光風霽月飛鳶躍魚沛乎莫禦綽乎有餘
先師捐館築室稽山慨然身任乇戈宗壇
貽爾海瀕彬彬鄒魯華扁金針開聾抉瞽
有教無隱本末兼該因病授藥成德達材

士風丕應循循正路先師門墻煥然丹艧
遄陳薦剡聿來幣聘渭水桐江安常處分
不吊昊天國無典刑如可贖兮人百其身
夫人之生愧不聞道允矣先生深探道妙
夫士之生患不得師孰畀先生而遽奪之
嗚呼先生振古豪傑不惠不夷光輝篤實
中等承教假宵仙邦方資巨培忍嘆空梁
絮酒一觴哀哀新廟匪慟同門實傷吾道
春三月江西瑞昌王宗室旣白樣遣祭文

孔孟既歿聖學不傳漢以詁訓磨濯唐以
詩賦鑽研濂洛之青藜既出洙泗之宿火
再燃我
太祖高皇帝重光日月淨掃腥膻緝熙敬止神
聖相傳山川聿秀人物多賢
陽明翁契良知之妙
心齋翁會格物之全莫可上下盖相後先
親炙每懷靡及私淑亦幸有緣天胡不慭
便哲人之竟委也曷爲而壽衣鉢以永年

嗚呼木摧太華珠沉虞淵吾道孤矣我心慘然青芻一束聊布寸虔心翁有靈夢寐來瞻

翰林院編修內江文肅趙公大洲貞吉撰墓銘

明興八葉之世越中王先生論學名世從游若泰州王子稱最著王子名艮字汝止少先生十一歲先生歿王子論學如先生故學者亦稱王先生先生泰州安豐場人其先伯壽自姑蘇徙居生國祥爲場百夫

長生仲仁仲仁生文貴文貴生公美公美
生處士紀芳配湯氏成化十九年六月十
六日生先生於安豐里先生生有殊在手
左一右二隆額修臞安豐俗貧鹽無宿學
者先生逮粗識論語孝經章句即邈焉希
如古聖賢人信口談解如或啓之塾師無
敢難者異日天甚寒至親所親方急鬻鹽
冷水乃痛哭曰某爲人子令親天寒盥冷
水而不知也尚得爲人乎自此遂出代親

役入掃舍捧席哺二老晨省夜問如古禮惟謹時年二十矣先生孝出天成父益行純心明性悟無礙謝役秉禮爲儒者以經徵悟以悟釋經行卽悟處悟卽行處如此有年人未之識也嘗一夕夢天墜壓身萬人奔號求救先生身托天起見日月列宿失序手自整布如故萬人歡舞拜謝醒則汗溢如雨頓覺心量洞明天地萬物一體自此行住語默皆在覺中題其座曰正德

六年間居仁三月半即先生悟入之始巳能如此是時越中王先生自龍場謫歸與學者盛論孔門求仁知行合一泥者方讐爭之至十四年王先生巡撫江西又極論良知自性本體內足大江之南學者翕然從信而先生顧奉親鶉居皆未及聞也有黃塾師者江西人也聞先生論詫曰此絕類王巡撫公之談學也先生喜曰有是哉雖然王公論良知某談格物如其同也是

天以王公與天下後世也如其異也是天
以其與王公也其自信如此即日往造江
西蓋越兩月而先生再詣豫章城卒稱王
公先覺者退就弟子間出格物論王先生
曰待君他日自明之久之從王先生居越
嘆曰風之未遠也是某之罪也辭還家駕
一小蒲車二僕自隨北行所至化導人聳
人聽觀無慮千百皆飽義感動未至都下
先一夕有老叟夢黃龍無首行雨至崇文

門變爲人立晨起往候而先生適應之先生風格既高古所爲又卓犖如此同志相顧愕共匿其車勸止之先生留一月竟諧衆心而返然先生意終遠矣越五年戊子王先生卒於師先生迎哭於桐廬經紀其家而還開門授徒遠近皆至先生骨剛氣和性靈澄徹音咳聆顧使人意消卽學者意誠稍疎漏不敢正以覩先生引接人無問隸僕皆令有省雖顯讟至捍戾不悅者

聞先生言皆對衆悔謝不及往往見人肩
睫即知其心別及他事以破本疑機應響
疾精蘊畢露廓披聖途使人速進蓋先生
之學以悟性爲宗以格物爲要以孝弟爲
實以太虛爲宅以古今爲旦暮以明學啓
後爲重任以九二見龍爲正位以孔氏爲
家法可謂契聖歸眞生知之亞者也獨不
喜著述或酬應之作皆令門人兒子把筆
口占授之能道其意所欲言而止晚作格

物要旨勉仁方諸篇或百世不可易也卒
配越中爲二王云或問先生何不仕曰吾
無往而不與二三子是某之仕也或謂先
生爲隱曰吾無往而不與二三子某何敢
隱也兩救海濱之荒活千萬人洪御史垣
搆舍居其徒吳御史悌抗疏薦之不報嘉
靖庚子十二月八日卒於正寢配吳氏生
五子衣璧褆補薙以是月二十九日塟於
塲東先生門人貴溪徐子直氏道州周季

翰氏謂予之嚮往甚勤先生之念予亦切
義當誌其墓中之石辭不獲遂疆銘曰
越中良知淮南格物如車兩輪實貫一轂
後有作者來登此車無以未覺而空著書
二十一年壬寅春二月鹽臺南昌胡公象岡植崇
祀先生於場之精舍堂贈扁云海濱高士
冬十月立先生傳於揚州府志
王艮字汝止安豐場人少未學問年近三
十誦論語孝經忽悟聖賢可學聞陽明王

公守仁倡道洪都買舟兼程趨謁服古製冠服公訝之良曰此服堯之服也辯難屢日始師事焉盡得良知之説遂制輕車詣京師沿途講學人士羣聚聽之多所感發後歸時時如陽明門質正新得好誘引同志至不遑寢食四方薦紳道揚者多造其廬與論學總漕劉公節巡鹽吳公悌皆特疏薦聞侍御洪公垣爲構書屋以居來學之士自號心齋其徒稱爲心齋先生著有

勉仁等作

二十三年甲辰春二月督學蘄陽馮公午山天馭置精舍祠祭田定祀典

二十七年戊申秋八月鹽臺胡公督學南畿祀先生於州之鄉賢祠

三十九年庚申冬十月督學海寧吳公礽泉動學租修精舍祠扁云學由心悟教本躬行

四十年辛酉秋九月鹽臺山西張公繼源九功纂修鹽法志載先生人物傳

四十二年癸亥春三月撫臺豐城李公克齋燧
修先生塋域
四十三年甲子春正月督學麻城耿公天臺定
向獨尊先生特祀吳陵書院撰春秋祭文
崛起海隅慨然寰宇體仁達道格物定矩
師立善多可出可處孔孟同心心齋夫子
四十四年乙丑秋九月撫臺　毛公介川愷
督學耿公贈先生扁云在田人龍
穆宗莊皇帝元年丁卯夏五月耿公以學事按

泰詣先生書院奠文

惟天下至誠爲能經綸天下之大經者立天下之大本者知天地之化育也夫焉有所倚肫肫其仁也仁也者淵淵其淵也浩浩其天也苟不固聰明聖知達天德者其孰能知之於戲默而識之學而不厭誨人不倦此謂知本此謂知之至也大哉孔子斯其至矣志孔子之所志學孔子之所學於惟先生其先得我心之同然也耶質之

而不疑俟之而不惑斯之謂與仰止茲山
用伸虔告先生有靈尚啓我後人也哉

三年己巳冬十月南京太常卿永豐郭公
汝霖撰先生精舍記

淮揚泰州安豐場心齋王先生里閈在焉
先生早有志於學自陽明公倡道東南先
生往師之聞良知之說卽自信其心欲大
同于天下隨寓爲人吐談不倦一時朝野
名賢無不願交先生巡撫梅國劉公節巡

按疎山吳公悌首膺薦章迄陽明公歿門人各以其說爲教先生亦開門授徒而四方學者多趨先生舍隘不足以容柱史覺山洪公垣乃爲先生築東洞精舍居之凡若干楹前爲門中爲廳後爲勉仁堂東西號房若干間先生常茲講誦闇闇乎有濂洛遺風歲庚子先生棄世明年巡鹽象岡胡公植肖先生像舍中而總督介川毛公愷顏其上曰在田人龍督學午山馮公天

馭又爲置祭田定祀典有司歲時躬奠第
去州治稍遠未便象岡公來視學時因諸
生請祀先生鄉賢而精舍之祭以場官主
之嘉靖乙丑督學楚侗耿公定向按揚時
謂先生海内儒宗不止一方之賢遂特建
吳陵書院專祀先生而東淘精舍仍舊焉
余嘗寤寐先生之爲人宦金陵時吳君疎
山爲余語其槩今先生仲子宗順君來乃
盡得其詳而精舍之建置尚未有紀宗順

君屬筆於余余惟聖門之學惟在求仁仁者以天地萬物爲一體非意之也得之天命之本然而自私自利之徒恒二之於是天地萬物隔閡而不流通聖人者以天地萬物視吾身而以吾身視天地萬物呼吸動靜疾痛痒疴無不相與往來若乃隨機應感則膺曆數者以之君天下膺左右者以之相天下膺先覺者以之師天下聖人無意也隨在而行其一體之心而兢業保

任皇皇惟恐是心之或間耳此千古相傳
學脉也先生之學其有見於是乎先生謂
孔子爲萬世帝王師而惓惓師天下自任
先生之意豈易云乎哉至以其安身爲大
機以知本爲大要以自反自責爲實務以
自樂自學爲成功而萬物依已天下歸仁
則其極致也先王之學豈易云乎哉嗚呼
居其鄉必思其人後之過精舍者可以知
諸公崇重先生之心觀諸公崇重之心可

以知先生一體之心是心也無古無今無存無亡然則是精舍之大者謂與霄壤不敝可也

並祀安定胡先生祠祭文 補遺

海陵門人陳芑撰 教諭

粵自孔孟既沒道學失傳漢儒以訓詁爲能得一董仲舒發憤正心而不能力任斯文以弘其道唐人以詞章相尚得一王文中河汾講學而未免容心著述以淆其真

幸而有宋開基五星奎聚先生適應期而生居泰山以藏脩則明體以爲適用之本仕蘇湖而教授則身充以爲多士之倡厥後濂洛諸公大闡大振皆由先生開其源而濬道之耳先生之功顧不偉歟而不知者猶或指當時經義治事之科條以盡先生之學術而於試伊川以顏子所好何學之精蘊又湮沒而不彰者迄於今四百有餘祀矣茲緣我　師心齋崛起海濱發

明孔孟不傳之緒而傳之者皆知以樂學爲宗以反身爲要於是仰先生之學者不繆遂於兩齋之設科而論先生之功者視昔爲有加爲是先生之作殆先得我師之同然於數百載之前我師之生實有以擴先生未發之蘊於數百載之後非所謂異世而同神者耶泰之前輩嘗建先生之祠春秋報祀亦云知所重矣然而傾圮不葺簡褻非宜頃因督學御史耿公議新立我

師之祠於泰山與先生并居以見道統相
承之意於是遷先生之主於東講堂而以
西堂奉祀我師一時群心鼓動各欲展誠
乃鹽院朱公兵憲姜公暨州大夫及同志
鄉官庠士布衣人等各捐財物合得百有
餘金遂將兩祠撤新蓋造煥然可觀今擇
本月十二日奉安神位興集四方多友共
秉齋誠潔牲祭告尚賴先生在天之靈默
相斯道底于有成則先生繼往開來之

亦異矣謹告

別傳

門人貴溪徐樾撰雲南左布政使

天下之生也久矣惟天之命於穆不已而在人曰性率性曰道脩道曰教堯舜孔孟先後傳授繼守以君師天下者也而古今賴以有覺日用共由之以自得其本心達道行而彝倫敘所謂親親長長而天下平稱有道之世三代已上聖人在位以此爲治者也孔孟以來以此爲教者也於穆不息之體賴是以運而天有顯道昭昭

乎宇宙之間故聖人盡心而曰爲天地立心聖人至命而曰爲生民立命著察於彝倫庶物常行之間依乎中庸而曰爲萬世開太平是則性者天命之本然惟聖人者正已而物正安其身而天下國家可保也是謂率性之謂道而純於天命無間然者也未能眞知於天命之故也則與於堯舜文王孔子之學矣故孟軻氏曰始條理者智之事也智譬則巧也又曰能與人規矩不能使人巧伯夷伊惠之所深造可以語聖矣

而不可以喻巧者猶有議於斯焉者也機周叨
承師訓仰稽三代已來諸儒勤苦懇惻於道固
皆有所見亦皆有所至於孟軻氏大成之義則
罕聞焉而無以自開於天命之性是以其功或
倍而無由得其門而入也是故有授受之義豈
故曰若某則見而知之若某則聞而知之其不
得與聞於斯焉者固古今通患也豈惟三代既
降而已哉是道也大明於孔子矣其語性也曰
天命其語中也曰喜怒哀樂未發是之謂無有

乎天人内外物我之間者也故曰天地位焉萬物育焉三代既還學術漫散有王通氏曰無知無識濂溪氏曰一者無欲明道氏曰太公順應乃三代巳來儒者深造而自得者也今三大儒之言行固昭昭可考也而於孔孟之學信之篤而樂之深而得其集大成也者豈可以俟後聖而無疑乎哉學稽格致之旨聖學之要功也註疏以來儒者索之字義之表以求明吾盡性之學非其義也於是乎有心外之事矣有在物之

理矣而天命之性益隱訓詁支離之說日盛而孔孟之學荒矣體物不遺萬物備我漸托之空言也嗚呼非我　大明之朝應五百年循復之理誕生先師陽明夫子深造斯道上契孔孟之傳何以自悟曰致知者致良知也良知之說明而學者始知反本之學心外無事無理而盡心知性以知天致知焉盡之矣而今而後仁義禮智始非由外鑠者也迨我先師心齋夫子生於濱海高明剛大自幼心事如青天白日愛人利

物既冠商於山東特謁孔廟卽嘆曰夫子亦人也我亦人也歸卽奮然懷尚友之志旦夕寤寐耿耿不能自已日用起居若與道合者心每閑靜得有樂地年二十時家務悉理于守菴翁翁勤儉寒暑不倦師竊傷而欲代不可得翁起後詣官舍事急盥手持水師適見之愧泣汗下默坐小室潛思古人孝養求所謂溫清定省者而行之雞鳴盥櫛詣寢所問安大孺人不悅跪伏以俟至天明翁覺止之曰兒何爲是也昏視寢

温凊安寢始退旦夕夔夔於奉侍之常日有焉而懽忻翼愉之意有潑潑焉忽然而充滿者幾於日月時常未踰於樂則生矣之旨既覺復執以爲有而求之愈困於時亦未知其動念則非天行也乃畨然脫落前念惟敦孝敬又期而美中暢外復自得焉作孝弟箴每讀青反身驗之躬行若啓若翼親切自得年二十八悟盡心知性之學精思力行至忘寢食一夜夢天墜壓萬姓驚號奮身以手支天而起見日月星辰殞

亂次第整頓如初民相懽呼拜謝覺則汗淋沾席起坐頓覺萬物一體視宇宙内一人一物不得其所惻然思有以救之與物無間而前者渾然不二於日用者今則自得而自驗也因題其壁曰正德六年間居仁三月半乃毅然以先覺爲己任而不恐斯人之無知也榜其門曰此道貫伏羲神農黄帝堯舜禹湯文武周公孔子不以老幼貴賤賢愚有志願學者傳之衆人大笑之而師自任益力歷稽古訓驗諸身心自得臉

合無貳其或有不合者仰而思之夜以繼日得之則躍然如忘每講學闡明人心侃侃辯惑起迷務令人自得而後已家庭鄰里之間皆愛慕其至誠而樂與之親言行無不信悅守翁常患孱久臥藥不起請禱因呪之翁覺惻然曰兒爲此吾何忍固止之孱亦尋瘥人嘆其孝感凡翁有不祫者必以理曲喻之跪以隨之繼之以泣必釋而後止翁天性木質厚日益寡過土俗家祀佛翁因之師請曰庶人祀先分也據禮陳諭

翁始感而竟焚之崇其先享祀焉師居常規矩準繩僴兮瑟兮謂行堯之行言堯之言而不服堯之服亦苟焉也按禮製古冠服自一念隱微以至話言一出於正而望之者儼然起敬畏焉告翁以啓行期翁曰江河險長將安之固請繼以泣告曰學術之誤天下豈細故哉兒爲學十年求友不可得無與言者今幸遇其人可無一會乎翁許之夜即趨舟懼翁意尚難焉臥舟中夔夫子相見于亭中覺喜曰精神先交矣邇江

憩朔七日而至服深衣玉常冠垂紳執笏以求
見守門者難之賦二詩以爲請方坐高堂夫子
曰道人也來之師入即止立于中門舉笏向之
不即入夫子趨延之於禮賓亭如夢焉乃以告
之夫子曰眞人無夢師曰孔子何以夢見周公
也夫子曰此正是他眞處我十年前亦知子來
期與究明無不響答聲徹于大門之外伺者駭
惑焉遂言及天下事夫子曰君子思不出其位
師曰某草茅匹夫而堯舜其君民之心未能一

日而忘夫子曰舜耕歷山忻然樂而忘天下師
曰當時有堯在上夫子曰足見所學出夫子謂
弟子曰吾擒取寧濠一無所動今深爲斯人動
兩日入見論格致執論特久乃喜曰先生之論
一貫者也即起拜以弟子禮師之三日而告歸
夫子曰何爲爾亟也曰專親從兄無非實學何
必遠遊乎曰孟軻氏寡母居鄒遊學於魯七年
而學成我力量不如子學問路頭我則先知之
師曰然有闈命也非敢爽違月且至矣夫子嘗

謂門人曰吾今得見真學聖人者諸賢其知之
乎門人曰異服者與曰彼法服也吾將安友師
歸七日復往豫章過金陵至大學前諸士環觀
人各問難師曰多士咸集五經備在敬告以五
經總義可乎聽者悅服大司成汪闇齋聞師言
延入質問相見器其貌古而冠服不時乃問師
曰古言無所乖戾其義何如師曰不問無所偏
倚而問無所乖戾有無所偏倚方做得無所乖
戾出闇齋心敬而憚服焉

仲子檗曰我父平生問學年譜固已詳之即無傳焉可也然波石徐公爲高第弟子於父之學得之最深所爲别傳蓋因年譜未就欲有所發明耳惜未終篇而大難遽作故即其殘而録之將以表其
心也覽者其毋異焉

祀典凡例

萬曆四年丙子四月望日祠成承
憲副張公　州尊蕭公奉　户部
尚書耿公議
定春秋丁祭

祭日以丁後二日爲期先守祠者具牲滌俎豆

供祀禮房辦祭品先一日委官省牲

祭器籩豆十九個銅爵盞三個酒海一尊大房二兩帛匣一個祝板一座供桌一張條桌二

張泉圖一條鼓一面鐘一口　曾孫王元鼎置

祭品豬一羊一脯醢四豆祭果四豆祭餅四豆

祭菜四豆黍稷稻三豆羹三獻

物品規則　計開每祭

猪一隻

羊一隻

帛一段

大紅燭二對

白小燭

雞壹隻

末香

清酒壹尊

菁芹韭

棗

矛檀香
栗子
帨巾一條
肉脯
芫栢香
稿魚
炭
魚醢
柴薪四束
白鹽
笋菹

儀註

祭日五鼓或正堂或各廳或學博主祭守祠者肅迎大門外引贊引至本祠前堂更彩服

起鼓三通畢引贊引至正堂階下通贊唱叅神瘞毛血引唱就位引至階上前簷通唱鞠躬拜興拜興拜興拜興平身通唱　奠帛行初獻禮引唱詣盥洗所盥洗授巾詣酒尊所司尊者舉冪酌酒詣神位前跪奠帛進爵俯伏興平身通引俱唱讀祝讀畢復位通唱行亞獻禮引唱詣酒尊所如初禮終獻如亞禮畢通唱辭神徹饌四拜畢通唱奠帛者捧帛讀祝者捧祝各詣瘞望所引唱詣望所焚

析畢引唱復位對通唱禮畢

祭文式

維

○○某年歲次支干某二八月朔支干某越祭某

日支干某直隸揚州府泰州知州某等敢昭

告于

皇明大儒待詔心齋王先生之神曰惟　先生

崛起海隅慨然衆宇體仁達道格物定矩師

立善多可出可處孔孟同心心齋夫子惟茲

仲春秋謹以牲帛醴齊粢盛庶品用伸常祭

以某子某某配尚

饗

[illegible]

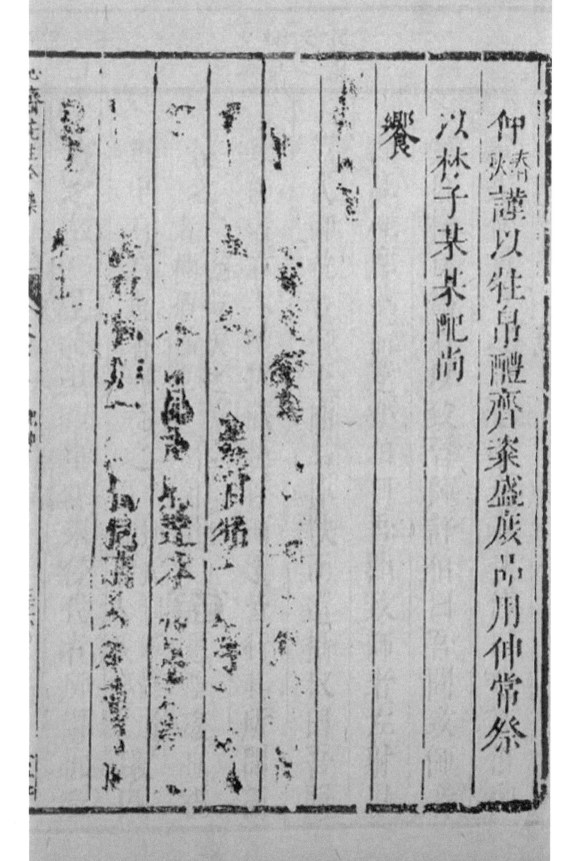

陳設圖

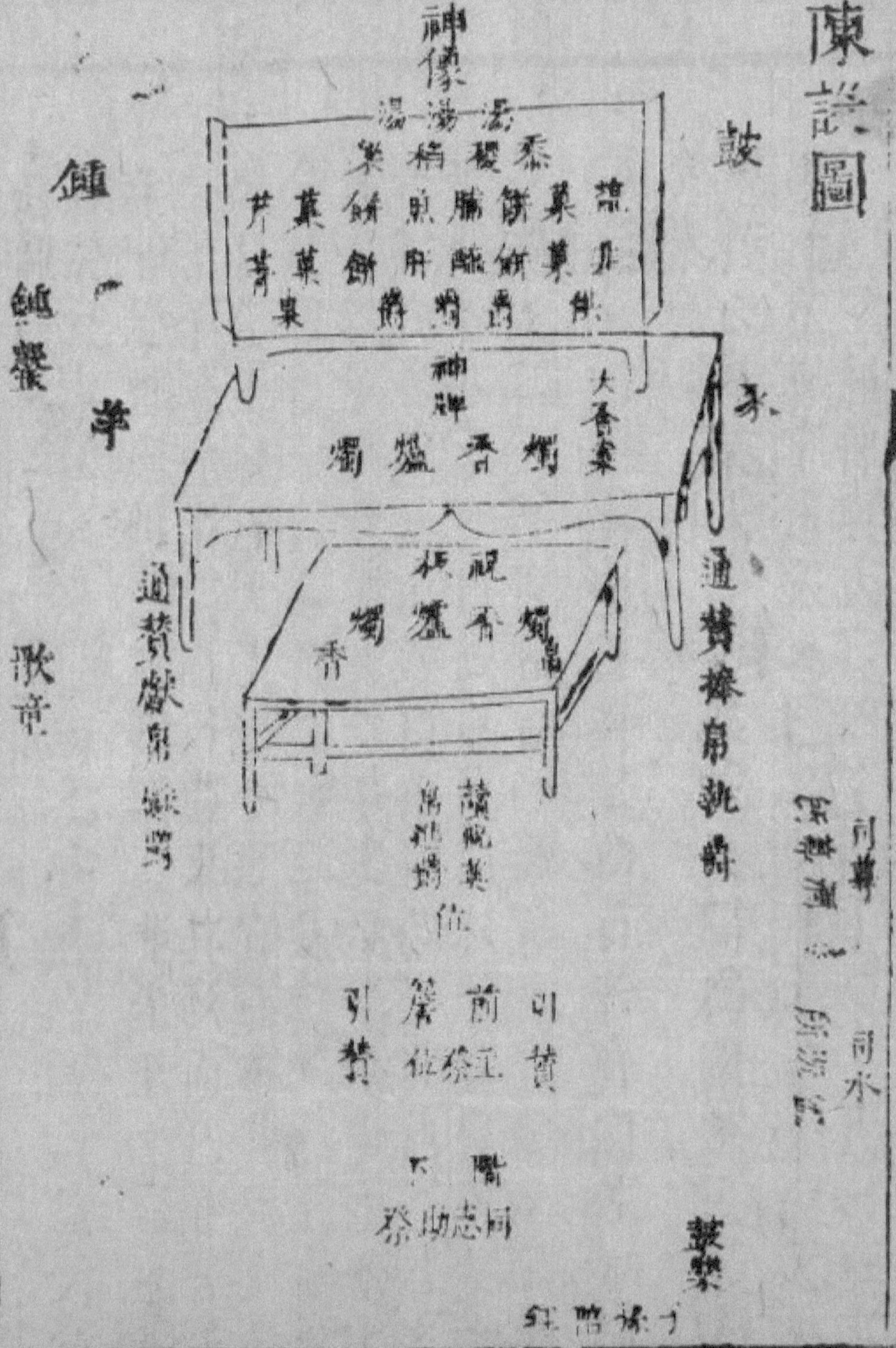

祭田賣契嘉靖二十五年十月日

豐場灶民季存海今將自己成熟水田一段計一百二十畝坐落丁壁庄東至溝西至溝南至溝北至朱昇界四至明白出賣與 本州克入安豐場心齋祠堂作祭田憑中作時值價銀四十兩整其田每畝原科粮米一升一合六勺隨田辦納立此文契爲証

祭田原無場基後續置場基一段嘉靖三十四年十月二十一日東淘

安豐場住人吳一純同弟吳一鳳今情愿立文
約將自己續置陸地一段計地六畝坐落丁堡
庄東止大河西止吳麟界南止河北止河四止
明白出賣與同場住人　王名下永遠在上爲
業憑衆言議作當年時值價銀十一兩整其銀
地立契之日兩相交領自賣之後如有寸侄爭
競俱係立賣承當地上粮米每年肆斛完官今
無難憑立此文約爲照

儒後祭園賣契　萬曆四年十一月

州光孝寺僧人能銳今缺少使用請

承分園地一所計地陸畝有零東止

定路北至城四止明白寬窄在內盡行出賣與

同州任人　王名下在上耕種爲業憑衆言議

作當年時值價銀一十二兩整其銀契下一併

完足並無分文懸欠亦無私債貨物準折其田

上粮草隨買主辦納今恐無憑立此賣契爲照

崇儒祠祭園賣契　萬曆四年十一月二十四日

泰州民人沈海今將自己續置園田一段計十

畝整坐落南山寺西隅在上草房三間門扇全
門樓一座門房全東南俱止溝北止官巷西止
吳宅界係在城東南隅一圖里長佛經下民地
每歲該辦納秋粮正米二斗六升七合五勺情
愿賣與　本州正堂遵奉
海道上司程　明文買充崇儒祠祭田憑經紀
嚴里等估時值價銀七十兩整當日當堂領足
如有親房人等爭競爲碍係出賣人自行理直
無憑立此爲證

優免帖文　嘉靖三十二年二月初八日

告狀人王衣、王襲、王從、王補，各年甲不同，俱係安豐場灶籍。狀爲懇乞優免雜差，以便遊學，以承先志事。先父王艮，師事明翁，力求聖道。兩蒙疏薦，不幸早亡。衣等四子，勉續箕裘，罔敢放逸。節蒙

欽差巡按直隸監察御史洪、欽差巡按直隸監察御史胡、欽差督學校巡按直隸監察御史馮，建立祠堂，定行祀典，令衣等守奉祭祀

勿墜進脩因此感激愈切奮厲自知學未成章
海濱孤陋數年以來兄弟相率不時前往浙江
江西等處訪求師友究竟宗源以期不負上司
作養之恩不墜先人好古之志竊慮本場灶總
八等不諒鄙情或於編派差徭之際一槩將衣
等名字僉點在官比即分身應役則初志盡隳
欲行告乞優容又急難理辨如蒙准告乞賜上
念先人志猶未泯下哀衣等情有可矜頒給印
信明文執照許於本名應辦鹽課之外凡有點

克丁身雜役得與優免廢衣等各得專心
不廢半途倘獲陶成皆爲恩惠千載奇逢
仰瞻憲此下情具狀投告

文移

東淘祠堂帖文

直隸揚州府泰州爲請祀先賢以崇道脉以正
人心事抄蒙　欽差提督學校巡按直隸監察
御史馮　批據本州申前事蒙批心齋附祀安
定先生終屬未便旣有專祠仰州量置學田人

歲於春秋二丁後遣有司或教官一員致祭惟
帛儀式并置田通議報繳蒙此案照先據本州
儒學申據本學廩增附武生員胄或等呈稱切
緣孔孟沒而聖學湮心性漓而士習壞本州自
宋安定胡公倡明體用之學越今五百年來世
遠人亡迹熄澤竭詞章風靡功利波頹幸有安
豊場布衣王艮字汝止别號心齋崛起海濱振
拔流俗依書踐履毅然尚友於古人隨事精探
卓爾資師於自得聞陽明之學則就正以求

秉悟孔孟之心則尊崇以立其本明明易簡直
指迷途亹亹剖劘曲成善類近悅而遠服生榮
而死哀蓋非特一藝之才一鄉之士而已所謂
鄉先生沒而可祀於社者求斯人豈多得哉先
是雖蒙　欽差廵按直隸鹽法御史老大人胡
准將先年　欽差廵按直隸鹽法御史老大人
洪　原建本場書舍改作祠堂令其門人春秋
致祭然特行於鹽場而不達於本州特私於門
徒而不公於守牧非所以致教化而示趨向也

茲遇 欽差巡按直隸學校御史老大人憑
吾道先庵斯文正印時應有待遇豈無緣爲此
議該本州舊有泰山書院祀朱安定於中今思
本州人物擅文學之長雖號多士究理性之奧
實維二公況安定居此山而藏脩心齋就此祠
而講學至今門徒聚講猶守舊規後學追宗咸
依故址倘蒙配享殊協輿情呈乞申州轉達本
院或論其心同道同而偶列於上或因其前輩
後輩而配享於聖道統相承協自源徂流之義

鄉邦先賢得崇德報功之宜有司無科費之勞

多士慰仰瞻之望士風攸係教化所先等情備

申到州已經具由申詳去後今蒙前因本州依

蒙措處銀四十兩買到本場灶戶季存海近高

腴熟田一百二十畝坐落地名丁堡莊前價當

官收領外合照前因擬合就行爲此合行帖仰

已故處士王心齋親男王衣等收執將前置田

某承領管業永遠耕種收辦祭儀并隨田糧草

俱毋違錯未便須至帖者

鹽課司帖文嘉靖二十一年閏五月十三日

兩淮都轉運鹽使司泰州分司安豐場鹽課司為特彰善類以風學校事奉 直隸揚州府泰州帖文奉 本府帖文該蒙

欽差巡按直隸監察御史胡 批據本府經歷司呈前事蒙批林選郎訪有鄉行但蓋棺未久侯祥後附祀鄉祠王處士艮良亦海隅志士然未經 題請例難行場專祀既舊有書屋其門人願祀者聽通行該州知悉繳此案照先為前

事已經呈詳去後今蒙前因擬合就行爲此仰州官吏照依來文備蒙批呈内事理待選郎大祥之後刊刻木主率領該學師生以禮送入鄉賢祠王處士艮行令安豐場聽其門人子孫祀于原設書院一體遵依施行奉此案照已查林選郎送入鄉賢外及王處士於行場專祀緣由俱經勘明具由申報去後今奉前因擬合就行爲此合行帖仰本場官吏照事理除將林選郎俟大祥之後本州刊刻木主行學送入鄉賢外

其王處士於原建書屋聽門人子孫願祀者遵
照施行具依准申來等因奉此除依奉遵行外
擬合就行為此合行帖仰王處士門人子孫照
帖事理即照原設書院一體遵依查照仍聽其
門人子孫願祀者遵奉施行須至帖者

右帖下王處士門人子孫王衣等准此

建吳陵崇儒祠憲票 萬曆三年二月

欽差海防兵備副使程　為督撫地方事抄蒙
欽差督撫軍門王　鈞牌前事查得撫屬境內

泰州分司安豐場有王心齋先生爲一代理學之宗抱高蹈不仕之節殁後建有祠堂春秋設有二祭然盖造年久不無損壞且聞其子王襞等頗有父風人所趨向所據祠宇合行查議修理仰道即查王心齋原有祠堂即今有無見存如係損壞尚堪修葺者即行估計修理如係倒塌無存者亦即計工建造此係境內高賢遺址毋得因循泯滅況該道又爲理學正當興舉以闡前賢者也等因蒙此爲照該州安豐場地方

心齋王先生崛起海濱倡明理學直任斯文之
正統真爲昭代之鉅儒卷查雖蒙　各院於本
場建祠奉祀然州城原未設有專祠多士無所
觀感似非所以風世教也今蒙前因[redacted]相應特
建爲此牌仰本州官吏照牌事理即便選擇勝
地一區將本道發收泰興縣解到銀內動支壹
百六十兩買料齊備候至秋間蓋祠一所安設
神位每年春秋該州正官率同儒學師生以禮
致祭

本院修舉之意且幸蒞儒者之邦竊聞緒餘上
論一念向往表章之誠自不能已而況該州素
稱理學尤專爻師之責正當與舉以闡揚先賢
開示後學者也牌具遵行及建舉過緣由申來
以憑轉報施行須至牌者

直隷揚州府泰州爲崇祀鉅儒以風世教事

抄蒙

欽差整飭淮揚海防兵備兼管河道浙江等處
提刑按察司副使程　批據本州申前事蒙批

據議甚是王氏子孫當且有觀感而興起者矣俱如行以永保無斁此繳蒙此案照先該本州查議得捐金建祠已隆一方之盛舉得人奉祀攸關後代之禮文任用既宜於慎始供需當要于有終今勘得本祠爲儒者之居非緇衣黃髮之流可以濫守從編有一定之數其加增編派之類難以速行況王氏子弟素稱謹厚以全祠而付之其愛惜也必至兼本州民田今多典賣得數畝而耕之其取給也有餘合無買附廓田二

十畝并以其祠托王氏則王先生廟食之需可
以安享於萬年而
本道作興之義亦庶幾永保於無斁矣未敢擅
便緣由申詳去後蒙批前因除行莊業行經紀
繇買附廓田二十畝給付管業外擬合給帖執
照爲此合帖給付本宅前去管理本祠侍奉香
火如有閒人在祠作踐許赴州口禀以憑究治
施行須至帖者 萬曆四年五月初一日給
直隸揚州府泰州爲給帖世守事據儒學生員

王之垣禀稱先祖王心齋建祠本州城西春秋
特祀祭田未備蒙前任
太父母蕭　批斷趙方姜鳴告爭絕戶錢瑞田
七十畝基地一畝給送本祠收租供祭卷證不
意趙方抗法滅卷盜賣錢茂爲業得價七兩至
萬曆十五年垣知情告復蒙
太父母斷給批示既經官斷不得私自盜賣合
依前斷追送王公祠作祭田粮一石一斗四升
三合過與王生員辦納趙方追田價與錢茂取

領附卷切恐日後弊生奸民謀占難以憑照案

恩給帖世守不許庁民作踐覇占永遠爲業等

情到州據此擬合就行爲此合行帖給本生收

執即將前田照舊佈種永爲祭田不許庄民覇

占其田上錢糧收入伊戶辦納俱毋違錯未便

須至帖者 萬曆十六年十一月十二日

二倉垻園田帖文 萬曆十九年四月初九月給三十六年改爲包廟供租

兩淮運司泰州分司爲設處祭田以隆祀典事

照得安豐場心齋王先生已經題
請建祠本場顧配享祭田未備近該分司周
捐俸置買祭田一段計八畝四分坐落二倉垻
東四至俱河相應給照管爲業此合行帖先生
後裔収執即將所置前田查照永爲管業歲收
夏秋籽粒以供四時之資每年津貼王加珮冬
下鹽銀二錢不許分外多索如有豪强侵奪盗
自執此呈官治罪若本生擅自賣廢退奪還
另遣慎來便須至帖者

右帖給王氏子孫生員王之垣儒士王之翰

等收執

薦辟考

盱眙馮應京撰　兵憲

王艮泰州人性朴茂才受孝經論語不甚觧及長一日有感於事親之際忽大覺悟於前所讀書若或啓之者鋭然以聖賢爲必可至乃始論交於天下士證疑於孔氏書久之所得日邃其孝友忠信孚於鄉黨宗族教人隨材開導四方學者群至其門好學之志老而彌篤嘗著論曰

大人者正己而物正者也故立吾身以爲天下
國家之本則位育有不襲時位者危其身於天
地萬物者謂之失本潔其身於天地萬物者謂
之遺末有以伊傅稱者艮曰伊傅之事我不能
伊傅之學我不由云云又曰曾點童冠舞雩之
樂云云又曰有心於輕功名富貴云云有問仲
由端木賜顏淵侍孔子論學云云樂學歌曰人
心本自樂云云附陶樵二傳見前耿傳云云其
體道淑人有如此天臺耿定向曰嗚呼天將以

心齋先生爲不鐸也與哉起撫劉節御史朱孔陽吳悌薦于朝嘉靖中與艮前後並薦者三人文徵明（生員）葉幼學（儒士）徵明以書學名家生平跡不入公府聲色纖毫不染有友人欲試之會飲酒酣出妓侑觴卽拂衣起與幼學皆稱卓行俱授翰林待詔先是建文中亦有一王艮首江西解額舉禮部廷試第二授修撰聞靖難兵起憂憤不食及兵渡淮閉門涕泣訣妻子服毒死建文帝哀其忠遣官諭祭百餘年間名有偶符

而理學忠節俱不媿於世云

詩

簡心齋大老　陳讓 御史

海濱有高儒人品伊傅匹實踐率性初明覺非智識語及經綸闡萬象隨形色閉户十秋沙頭看潮汐逝者信如斯天下不與易曾讀勉仁方憫世如嬰赤廓之何際涯佚之何所慼仰止私得師高山限咫尺寄語定貞盟天將微側

挽心齋先生　王芝山人法聚 沙門

碧霞池畔聽鳴韶善鳥遺音公獨豪滄海淡
麟鳳遠青山殊覺斗星高乾坤定處誰創
業輕來只羽毛下拜再瞻遺像肅清氣猶月[illegible]
山袍

輓七言四句　　鄒守益

源溪又下鶩溪拜寡過涓將了此生千載心齋
東海上好尋鼓瑟賡餘聲

泉輓一律　　方　穎　門人

長河淡淡德星沉風落汪洋海自深壇上一從

停化兩琴中三合有遺音令終不昧盈虛理見
道誰如今古心獨向平原歌此調滿腔明月照
纓簪

哭心翁夫子　　冑　節門人

東海篤生豪傑士一時冠冕半交游瞻依孔孟
爲心印收拾乾坤入擔頭禮樂在躬猶自遜洽
平有術竟難酬久期卒業門墻下梁木先摧
淚流

輓心齋伯翁 五言一律　　韓　章

先生今已矣吾道竟何歸學闡先天秘行端覺依六經還羽翼一貫更精微海內謳歌處無窮山斗思

謁心齋老先生祠　吉水劉天健 嘉靖癸丑冬

絶學倡當代人稱有二王能來天下善不獨海邊長豪杰推千古風流播四方平生山斗念遺像儼空堂 其一

門墻朱氏子而亦是吾師道喪悲千載文明慶一時至言倡簡易俗學破離支幸有遺編在猶

能慰所思 其二

謁吳陵祠像　濠上沈思聘 諸生

吾身原至重萬物總一肩任重道遠者豈宜貿
貿然所以聖賢學致知在所先不先知所往斯
能求至焉心齋王夫子洙泗得心傳明哲保身
論揭日月中天物我藩籬徹靈臺芥蔕捐昏昧
暴棄子覩此無汗顏愧予生也晚蚤未能執贄
茲適吳陵道齋宿拜祠前德容儼如生遺訓一
簡編三復即命私淑效前賢

謁安豐祠　宛陵施弘猷　諸生

東海聖人出此心同此理先生實應之益信言
有旨格物學爲師修身天下紀反求立達兼萬
古還一體尼父如有作斯言不易矣從聖從此
承後先苑荷佑啓盱江（指近溪羅先生）衍長派新都（指先庭陳
先生）拓深址我因窺一班誰能忘自始吁嗟聖言
還樂學云云實指相率事防檢失彼還守此形貌
豈不肖糟粕達神理何當決江梅耳目都一洗
我來謁先生匪直瞻拜耳微言接遺編鑰盱濯

江汜雷雨忽東來先生如未虎一鮪天上飛群
鱣出泥滓

謁東淘祠　　楚陽吳雙　諸生

真儒欽海內廟貌柏森森恭透古今理闢開天
地心遺編垂世久化雨闊人深髣髴春風坐悠
然抱膝吟

過安豐里　　廣陵吳光先　諸生

洞源一脈來洙泗千載人文海上開箴揭勉仁成
學功從格物育英材見龍家舍今猶在鳴鳳

修丑未泯私淑遠人勤景仰承前啓後屬誰

過廣陵懷古　　檇李岳元聲 郎中

洛柘江山幾度憂廣陵重泛又驚秋隋堤魏輦
成何事贏得心齋號泰州

聖學宗傳詠古　　剡谿周汝登 尚寶司卿

生來博地一凡夫寶藏親開萬用敷滿界何人
能證得擔囊直自往洪都

謁海陵祠像　　山陰張全之 諸生

脩軀古貌掌心珠入座驚人氣可呼爼豆已參廊廟議兒孫猶是聖賢徒蒼茫遠樹江淮色散落寒星牛女區慼激頹風誰振起高山空仰謾嗟吁

春丁分祀有感 萬曆癸丑　光州張大有 泰州司訓

城隅仙院儼衣裳薰沐來登先哲堂惟仰清修玉遜潔更聽理學日爭光名賢望重鳳難侶樂學歌聲琴可方竹素遺今饒燦爛巍巍廟貌藝

秋丁分祀有感 癸丑　淮陰張盈光 泰司訓

門門淮海久相望何幸親承此一方對越漫門陳俎豆樞趨循似傍宮牆勉仁由已居偏廣樂學於人路更長況是孫曾承衣鉢在門循元百年桃李倍芬芳

謁東淘祠　莆陽黃宗元 若生

維揚間氣毓真儒獨契心宗諳太虛地轉吳陵成洙泗天開海國出圖書良知格物旋參悟東越淮南兩並驅樂學淵源師百世何須伊傅下

蒲東

卷之五

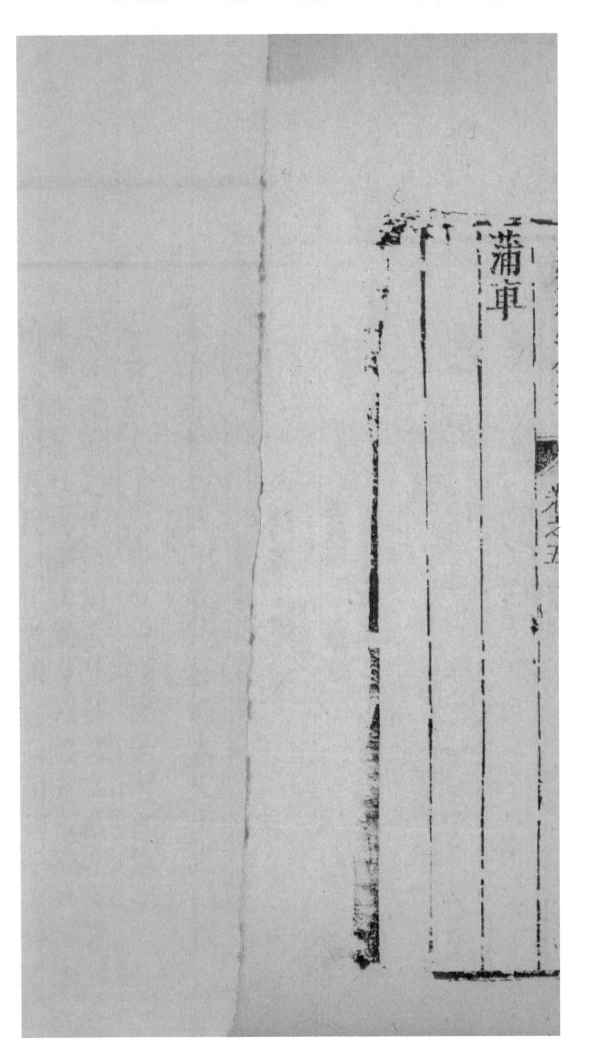

門弟子姓氏 四方從遊甚衆世遠難悉姑以譜錄所載奠輓所紀者開列于後

宦遊維揚門人 四人

周良相 字季翰號合川揚州府同知湖廣道州人周濂溪先生後裔

朱簦 字[redacted]號[redacted]泰州知州浙江山陰縣人見尺牘寄證簡篇

林庭樟 字[redacted]號[redacted]泰州同知福建莆田人見尺牘寄證簡篇

傅珮 字[redacted]號[redacted]興化縣知縣見尺牘寄證簡篇

四方縉紳門人 九人

徐樾 字子直號波石雲南左政江西貴溪縣人配享精舍祠

董燧 字兆時號蓉山南京刑部郎中江西樂安縣人

聶静 字子安號泉崖兵科給事中江西永豐縣人

張峯 字失紀號玉屏江浦縣知縣江西泰和縣人

朱錫 字失紀號圖泉漳浦縣教諭鎮江府丹徒縣人

殷三聘 字失紀號覺庵恭府通判本府江都縣人

孫雲 字失紀號淮鶴壬子鄉科江都縣人

林春 字子仁號東城吏部文選司郎中本州人祔配享精舍崇儒祠崇祀鄉賢

袁杉 字子材號方洲福閩安縣知縣本州人配享崇儒祠

張淳 字濟化號此庵山東范縣知縣本州人配享崇儒祠

陳芑 字實夫號美齋河南新鄉縣學訓本州八先生姻婭配享崇儒祠

王棟 字隆吉號一庵江西豐城縣教諭擢深州學正先生族弟配享二祠

戴邦 字維新號奎泉江浦縣學訓本州人配享崇儒祠

陳淑 字汝嘉號曲塘湖廣江陵縣縣丞本州人

劉啓元 字善甫號中橋湖廣松滋縣知縣本州人

黄鶚 字子薦號竹岡戶部員外本州人

宗部 字尚恩號九齋王府審理草堰場人配享精舍祠

朱軏 字惟實號平齋高陽縣知縣草堰場人配享精舍祠

耆儒修士門人 四十四八

羅揖 字汝用號濟川江西南昌縣人

程伊　字失紀號鹿坡南昌縣人

程倖　字號失紀鹿坡弟

喻人俊　字失紀號同川南昌縣人

喻八傑　字號失紀同川弟

黄文明　字號失紀南昌縣人

張士賢　字希聖號完初貴溪縣人

顔鈞　字子和號山農永新縣人羅近溪及門師事焉

胡太　字號失紀會昌縣人

丁惟寧　字懷德號明吾會昌縣人

董高字號失紀徽州府婺源縣人

程弘忠字[redacted]號天津徽州府歙縣人著雅音集行世

陳應選字號失紀歙縣人

汪朴 廷相 字號失紀祁門人

王汝貞字惟一號樂庵寧國府涇縣人配享精舍祠郝桐浦及門師事焉

吳標字從本號竹山涇縣人

吳柄字號失紀竹山弟

吳怡字號失紀鎮江府丹徒縣人

陳佐字號失紀丹徒縣人

盧先瑞 字號失紀新金人

王俊 字失紀號緑湖揚州府江都縣人

王志仁 字居淑號小山本州人

李珠 字明祥號天泉本州人配享精舍祠

田汝登 字薦甫號南園本州人

李才 字宗德號中庵住中村鎮

李瑤 字君祥號懷泉本州人天泉弟

李璽 字李祥號友泉天泉弟

蔣勤 字失紀號拙齋本州人

許鳳 字鳴周號竹岡如皐縣人

朱恕 字光信號樂齋草堰場人業樵配亨精舍祠

崔贄 字國然號泱齋富安場人

崔便 字邦濟號兩泉

崔殷 字邦實號北洋先生姻婭配享精舍祠著漁响集行世

梅月 字子恒號鶴皐州庠生先生姻婭配亨精舍祠以上俱富安場人

周盤 字崇壽號西野本場人先生妹丈

周魁 字文魁號南泉配亨精舍祠

季宦 字存海號東洲

周廼年 字文長號近渠

徐相 字來聘號龍湖

周佐 字邦臣號小塘

季倌 字存爵號渠麓以上俱本場人

王社 字宗宜號瀛樓由東魯府典膳充 生後侄

王樞 字成之號懷堂先生族侄

王卿 字守爵號小山先生族侄孫

冀韓紀遺門人 七十三人字號上者失紀

劉登瀛　朱伯之　徐賢　陳茂

王貞　袁楫　方頡　鄭子珞
鄭相　鄭渾　鄭潔　鄭瑨
喻蘭　胡璓　龔邦佐　盧大旅
盧化　盧皞　周鈞字重夫號東沙
扈侃　周鍾　崔藻　崔鵬
崔舜　周澄　崔賀　崔鷳
崔希孔　崔希麟　童開堯號靜軒
宦宗仁　宦宗義　王紹　王鳴鳳
王恭　王澡　王哷　王棏

王式 陸位 陸儒 李彬

李敬 李栻 吳昱 吳承宗

韓章 韓登 方一純 雷泰

雷柯 朱露 朱克悌 涂卿

彭楫 永倫 馬恕 林曉 字

號仰城東城長子 馮瀌 繆洧 高恩

喻鳴鳳 戴恩 夏鵬 黃應龍

徐勳 劉世祿 唐賓 梅值

丁棨 楊南金

私淑縉紳門人 四人

羅汝芳 字惟德號近溪雲南左參政江西建昌人師事永新縣顏山農

楊起元 字貞復號復所禮部侍郎湖廣[redacted]人師事建昌府羅近溪

陳履祥 字光庭號文臺貢士徽州府祁門縣人師事羅近溪

郝繼可 字汝極號桐濂泰州學訓直隸和州人師事涇縣王樂庵

私淑耆儒門人 九人

韓貞 字以中號樂吾陶人本府興化縣人師事先生仲子東厓崇祀鄉賢

唐珊 字可珍號一橋後改靈臺本州人師事本州陳美齋

林訥 字公敏號白宇福建莆田縣人師事興化縣韓樂吾仲子東厓

周思兼字紹旦號得齋郡庠生本場人師事仲子東厓

陳兕類字明德號樂天江西清江縣人師事祁門縣陳文臺本州府黌臺

吳士賢字與齊號斗瞻本州人師事陳文臺[redacted]倍石帆

汪有源字維清號崑一寧國府太平縣人宣城縣籍師事陳文臺

施弘猷字允昇號東明寧國府宣城縣庠生師事陳文臺

吳光先字孝昭號天衷本府庠生休寧縣籍師事陳文臺

東洵精舍祠配享十五人

林春　徐越　朱軏　朱恕

李珠　宗部　崔殿　梅月

王　棟族弟　王　襞仲子　韓　貞　林　訥

周　魁　周思兼　王　禔四子

吳陵崇儒祠配享十四人

林　春　王　棟　袁　杉　陳　芑

張　淳　李　珠　戴　邦　王　表長子

王　襞仲子　羅汝芳　陳履祥　郝繼可

王　補四子　王之垣宗孫

配享列傳

兩祠計二十五人倡學安豐則祀之精舍祠倡學泰州則祀之崇儒祠私淑者身先

生之道以開來學祀亦如之惟林子春王子褳及門最久闡著益大故兼祀之以至爲子若孫者必品粹論定或獨得家傳或濬發宗旨或闡繹書易而恪遵庭訓或節義自持而敦睦族人皆光先之器也併祀之以勵後人

林春

宇子仁泰州千戶所人登嘉靖壬辰科會元爲諸生時食貧織屨供朝夕取與不苟遊師門一心地大開任筆行文不費思索羅南宮第一仕至文銓郎歸養母三年未嘗以事干州郡饋遺非禮者弗受歲入不能贍而好賙與鄉人處恂恂如故儒生也起卒于官得橐金四兩其清介如此毘陵唐荆川爲之誌曰子仁爲人非心齋不師非能齋不友云所著東城文集行世

猶歟子仁師門亦纖隱居清操弗隳于仕堂常宫然無則忘並祀鄉賢可無愧也

徐越字子直江西貴溪人由進士歷官
淮南執弟子禮倡師學風有位後
子瑩字爾洪運同師事仲子宗順父子
挾貴如此嘗題師墓作別傳仕至雲南左
布政擒苗兵倡亂苗以象攻躪蹂
焉悲夫所著日省仕學録藏于家
嗟彼子直貴而文英宦色都去矣道是承
世不挾貴庭訓兢兢雲苗攜棠無忝爾生

朱軏字惟實草堰場人由鄉貢仕高陽
縣尹爲諸生時衔春聯御安豐寒
暑不間必盡得師傳後已以故草堰斥
鹵皆知心而安豐其朱爲之倡也哉
相彼惟實猶吾竈丁惟實人傑堰乃地靈
安豐一脉草堰與京朱氏之著令鳴學鳴

朱恕字光信草堰人受學安豐日樵蕘
易麥稍擇精者供母而累糠糲簪
樵以樵一日過師門而行吟曰離山十里
薪在家裡離山一里薪在山裡師聞而奇

之謂門弟子曰小子聽之邇言可省也道
病不求求則得之不求則近非已有也譙
味師訪手心每往必詣門熟聽儀取水和
糗以食倦委樵薨趺坐先師門有宗姓者
惠數十金代薨苦樵手其金徐大恚曰子
非愛我哉自此此衷經營憧憧起矣不幾
斷送哉一生哉力鄙之後成醇儒學使胡
植氏數欲召見之不得楚耿司馬爲之傳
卓哉光信聞道尤奇一樵之子識者頗希
偶吟過閩天啓其機豁然而悟聖脉賢歷

李珠

字明祥江西李樂庵仲子世居袁
州幼習儒少爲里儉克農民事州
大夫王公瑛劾臣闡學有感遂棄吏遊師
門勇決嗜學孝友異嘗後精醫所受治病
儀物悉奩給諸昆婦年三十有九而卒
事親極孝母歿貧不能塟及期數日前幾
擴得大全鈔乃縉李號天泉
遊嗅錢合人皆以爲孝感

禾祁李子芳行可傳謫曹棄家孔孟決烝
萬生友孝修垢鼎攣畢哉楚母擴錢天金

宗部 字尚恩草堰人業儒奉例某王府
審理素性磊落好施聞師學解官
一切世味不掛胸臆粗衣糲食有從遊四
方之志生平喜怒不形于色嘗贈金樵米
米麈之爲之給衣食供朝夕
如常治家有法迄今凜然
審理尚恩是謂知務道德以榮祿爵邪鶩
贈金樵者麈之不顧贈者怡然友共忘怒

崔啓 字邦實富安場人業儒賦性剛毅
制行朴雅少問師講學執贄就見
隨悟隨行不事口耳所務以大器爲户淮
歌誦讀暮年不倦嗟司周海門公造廬請
益旌其門曰篤學真修居士初與仲子宗
順友善順念良厚開家以子妻其子希翰
懋哉虎墩邦實彬彬師友姻婭一脉海濱
所謂大器惟崔是因淮南之緒豈曰無人

梅月 字子恒富安人年十八游郡庠聞師樂學勉仁之訓大有契悟夷然閭修鄉居半世行年八十一言一動允協鄉評縣司周公雅重之

虎數之占乃生梅子占彼梅氏于恒之齒少采蘋泮鴻操可止岡陵德卲惟天眷只

王棟 字隆吉二世祖國瑞六代孫先生族翁拆居泰州姜堰鎮由歲貢出身歷江西南豐豐城學訓嶧山東深州學正身明家學出處一心振鐸豫章兩聘主鹿洞正學書院築講院于南臺士民興起擢深州乞休創歸栽草堂倡族人建宗祠明譜系年七十有九歲入鄉賢所著一庵遺集行世

斯文爛炬敏秀吾宗東淘胖㣲三水宗從一派伯仲千載志同兄師弟第掌握群蒙

王襞 字宗順先生仲子師事浙江龍谿王公畿緒山錢公德洪年十九歲

先公遊學江浙陽明見而奇之卜其有載
道器性敏慧五經群書靡不詳說冲和灑
落純粹中正倡明家學獨得其傳昭陽李
太師海陵淩都憲交薦隱逸開門授徒啓
韓貞等諸子恍若先公輯先公語錄年譜
晚年倡族人立宗會明譜牒年七十有七
議入鄉賢所著
東厓遺集行世

秣陵太史焦公贊

夫君起東海高論鏘琳球陳義押六籍洪
氣吞斗牛片言指顧間四座皆回頭

韓貞字以中興化縣人居蓬屋三間陶
甓爲生常假貸于人爲甓甓坏爲窯
雨壞負不能償并蓬屋失之居破窯中聞
樵者朱氏風從之學卒業于仲子宗順漸
識字粗涉文史嘗自詠曰三間茅屋歸新
主一片烟霞是故人簞瓢屢空衣若懸鶉
晏如也年三十始娶與其妻買蒲織鹽囊
易糈給朝夕學有得毅然以倡道化俗爲

巳任無問亡賈傭隸咸從之化而善良者以千數縣尹屢舉鄉飲錫深衣幅巾匾額門閭年七十有七祠于鄉春秋特祀從祀鄉賢耿司馬爲之傳所著樂吾詩集行世

於維韓子崛起昭陽河濱是業陶甓生光聞樵風起作聖升堂於千配祀云胡可忘

林訥 字公敏福建莆田人初卜賈淮南占者曰此去平平乃有奇遇林甚異之遂往始事昭陽韓以中肆陶業食貧有韓氏風當嘉靖甲寅倭寇閩舉家就燼無所歸卒業于仲子宗順獨得其傳倡學海甸老而忘倦年八十有四卒于東臺場門人劉源宅門人王嘉第王元鼎謀塋安豐里季子宗餝墓側所著有漁樵答問遺集行世

偉哉公敏毓秀莆閩海濱托跡鉀王道闇豈曰無家道宅是憑寧曰無後弟子亭亭

周魁 字文魁，周公魯五代孫，本場人。業儒素，性醇厚，居鄉以和，絕塵囂，教子侄有禮。聞師學，啓侄周思兼讀書當法孔孟。幼多弱疾，得道勿藥，年九十有一。仲子宗順以詩輓之曰：憶昔師門抱病趨蹐，年九十不笻扶。應知此學能康壽，不獨先生善保軀。秋瀟虛堂孤夜月，林空萬木叶簌烏。一生消受終歸盡，問爾行持今在無。緯彼文魁，混焉人類。衆多不醒，爾獨不醉。周有條才，祀禋堪配。登之俎豆，受之無愧。

周思兼 字紹旦，周公魯六代孫，文魁嫡侄。師事仲子宗順，主會精舍祠。毅然以正己率物爲己任，處子侄、和鄉人，緯有叔父風。闡格物宗旨，號時論不顧。年六十有、所著遺集編梭，公魯詩行世。

周有紹旦，志亶姬公。數千餘歲，誰接厥宗。續茲正學，萬世攸同。從今想像，紹旦在躬。

王禔 字宗魴先生三子業儒師事浙江
龍谿王公畿性孤高行峻絕處末
俗激不能容有友目之曰宗順一個明道
宗魴一個伊川不虛云體父志蚤年鬻產
一捐賑創義倉倡宗會得嗣最脫以妻妾姤
一時併去鄉人唉吾年六十有九所著遺
錄私繹詩
集行世

子賢父聖師友一堂伊川節槩宗魴多方
渾然明道宗順洋洋弟惟伊川明道增光

袁杉 字子材泰州人年十二歲遊郡庠
二十領鄉薦性梗直剛介不詭隨
拔時好敦廉恥振士風孝繼母事獨兄楚
祭一遵古禮出宰同安留去思閩中推清
白吏歸隱村墅崇節義鄉評稱烈丈夫倡
師學範澆俗年七十三屢舉鄉飲大賓

子材足法堪為後模剛直其性孝友居多
惠施可牧篤節同樹孝廉再起屈指匪它

陳芑 字實夫本州州千戶所人由歲貢授河南衛輝府新鄉縣學訓導弱冠入庠素厭溫飽之志聞師道深探樂學之源文行俱優生徒尤衆任官躋大儒體仁格物于兩河居鄉啓唐珊正己率物于奕世蚤年與長子宗乾友善嘉其世克家學以子妻其子王之垣焉年六十有一卒于官新鄉諸生爲之悲悼所著論孟類聚行世

吳陵毓秀間生實夫不倦稽古磊落爲徒一透師學醇乎其儒王庭有貢居然蘇湖

張淳 字濟化泰州人領嘉靖丙午鄉薦筮仕松滋縣尹心坦夷行端望其貧嗜學孝親廬墓有朱鵲奇卉之瑞處弟義讓泣不異居仕以國課未滿謫判河南許州尋轉蘭陽縣令以亢直忤當軸復調山東范縣遺去思碑歸隱仕治士民時通省訊明師學得民心如此

濟化張子青紫之英安貧樂道時流訝驚
當官亢直喜怒不形賢哉令尹勗我後生

戴邦

字維新本州人由歲貢授應天府江浦縣學訓講明正學委悟良知
協嚴律身和厚御衆善事兄見獎撫臺能
課士留芳浦庠悟退閭里徧稱林下一人
遺論贍
後士口
相彼維新惟其知學貢髦云豮亦多寂寞
恥爲鄉人必學先覺澹澹青瓊聲施灼灼

王衣

字宗乾先生長子以師事父天性剛方存心仁厚幼承庭訓悟物有
本末之物啓先公之首肯長遊越中會知
必良知爲良動陽明之契重不阿諂絕外
誘甘恬退勵清修君子際上人也先公歿
率諸弟群聚講學會友四方不墜家聲精
楷書法恬陽明皆耕煎裕家計供父遊驕
之需有次因之曰宗乾怹齊一個孝子宗

順心齋一個肖子不虛云先公做物有本末之學無宗乾是不治生而涷餒其身者有之矣年五十有五

弟宗順爲之誌銘

格物一竅宗乾啓聰內顧弗厘熟慮以從不有克孝克肖將肅卓堯宗乾孝友兼隆

羅汝芳 字維德江西建昌人由進士歷官寧國知府師事永新顏子和學宗易簡發明孝弟慈兼善天下不問工賈傭隸無一人不鼓盪飛躍時與講席同堂如坐春風中仕至雲南左參政諡文恭公傳道楊貞復陳履祥祠祀金陵所著羅子全集仁孝仕學訓諸書行世

魚躍鳶飛生生趣味挺生羅子悠然獨會甘雨和風祥雲日瑞盱江發源淮南之匯

陳履祥 字光庭祁門人師事羅惟德學主見性教著大成闡淮南一脈轍跡

幾徧宇内輯陳子九經門徒盈半尼丘自
許再來東西南北一人人稱天學老人于
秋素相居九龍山學者稱九龍先生由歲
貢待選于部文江鄒爾瞻思聘主白鹿洞
教未授年七十卒于京師歸葬于家門弟
子攜衣冠瘞雲山洞祠之生前遺九經翼
于金陵雨花創依仁齋于耿公祠所著九
經翼四書會通龍華客證諸書行于世
天生光庭新鄉突起接派盱江淮南其委
大成之教九經翼紀闢閩直開濂洛洞啓

郝繼可 字汝極直隸和州人年十四師事涇縣王惟一嗣師秣陵焦弱侯為
人嚴毅沉雄律身森然處世坦如取與不
苟非混流俗學宗東越教本淮南由歲貢
授泰州學訓立會祭儒祠闡明師學視同
志如父子辨學青若鞫訟官俸千日未嘗
于瀆有司辭寒士之贄絕私交之饋吳陵
遺贐稱曰郝公居官但學階肯林東城公

也無何亦卒于官永訣之日遺訓同志兩子士林如喪考妣通國感動悲哀鄉達劉公時雍私謚文節先生年六十有四太史焦公爲之墓表生前自題小像云粵嶠郝生髮短心長氣雄性烈奮志聖賢之學而獨得其宗壯抱匡濟之才而未酬其策不磷不緇無反無側節松僅比其堅剛寒潭僅似其清澈有英契而六藝之旨歸益明雙眸豁而百代之籓籬頓撤非佛非仙非楊非墨星斗在懷乾坤是握汪洋曲項洙泗一脉嗚呼生既無生去復何說獨往獨來浩然與天地日月而常存是謂郝生之大歸結所著振浦集行世

咄咄汝極竣絕其標秋潭霜肅耳霖春膏介石之貞力砥波濤咄咄汝極水長山高

王補

字宗完先生四子業儒師事鎮江朱公圖泉賦性敏捷器宇俊雅蚤

年撰安豐場城池圖請賑救荒纂族譜明天文星宿圖考精易學闡詩歌享年五十

所著周易解

詩集行世

艾作子述齋濟賢良兄明弟秀宗完逝昌地輿星宿撰纂精詳周易遺解述繼之光

王之垣 字得師先生宗孫文師仲子宗順廩郡庠性生軒朗襟介不隨持節義不惴勢位敦倫紀力同澆風奎聲蚤世一鰥不再娶臨貢能讓薄視功名學使屢舉行優當道交旌門額嘉其克紹道脉敦義紫蘅春年纂修族譜明世系以竟先志享年七十會友吳公士賢私謚孝義先生所著性鑑摘題子元冑爲之印心行梓行世

粵維得師居然孔伋行多孝義善可思繹深潔之操恭叔可及用之光先後間赫赫

心齋先生全集卷之五終

重鐫心齋王先生全集卷之六

秣陵　焦　竑　校政

古吳　錢化洪　

北平　孫道樸　翻輯

海陵　四代孫王元鼎　仝校

五代孫王秉晹校政補遺

六代孫王　翻刻

續譜餘諸當道作與事遺

萬曆四年丙子夏四月淮揚其憲孝感程公小

蒲學博建祠州西特祀先生祠成奠文

仰惟先生崛起海濱懿行天挺紗悟性成慨
慕孔之影響探洙泗之遺與良知獨悟精義
入孔門致知格物樂學勉仁誠儒者[illegible]此覺
聖代之岱庠人聞風斗仰遠邇儀刑學博等吻役茲
土無說感益深挹芬芳于東海爰建祠于西城
用無能往哲興起後人卜茲吉日遷主妥靈敢
潔儀醴恭薦明馨先生如在神其鑒臨
夏五月蕭州尊柳堂景訓贈聯句于樂學堂中
學聯有本直造聖人之微
組一脈無窮足徵君子之澤

學到樂處方
知須至時始爲知
秋九月撫臺海鹽王公敬所宗沐南昌吳公
自湖桂芳相繼蠲贖金置崇儒祠祭田永
不擾有司之費
年己卯夏四月中極殿大學士昭陽李公
麓春芳撰崇儒祠記
心齋王先生崛起海濱毅然以希聖爲學
少閱老萊子舞斑故事即衣斑斕日戲

毋側父母訝而止之曰古人如此不止也
言笑不苟出必規圓矩方跬步不亂聞文
成王公講學洪都不遠數千里攝笈往謁
之衣斑直入坐上坐縱談移晷不屈及出
公語門弟子曰此載道器也明日又見復
縱論始屈出更對衣拜公執弟子禮始授
以致良知之學時公門下多四方知名之
士如文莊歐陽公德大司成鄒公守益輩
[illegible]集與之講究切劘者歲餘始歸而盡以

所聞告知鄉里後學於是東海始彬彬多
知學之士矣予初不知學嘉靖壬辰海陵
銓郎林君春始導予謁文簡湛公文莊歐
公而論學後數年於留都始晤先生於徐
氏東園時文成文簡二公門人各持師說
以求勝予質之先生先生曰豈有異哉天
理者良知也隨處體認天理者致良知也
後偕太守袁君株大尹朱君軏審理宗君
部造先生廬請益月餘見鄉中人若農若

賈暮必羣來論學時遜坐者先生曰坐坐勿過遜癈時嗟乎非實有諸已烏能誨人如此喫緊耶予惟天下之治忽繫人心人心之邪正繫學術學術不明人心不正欲望天下治安難矣故學之不講孔子恒以爲憂當其時問學洙泗之濱者踵相接也然孔子雖憂學之不講尤恥躬之不逮教人以文行忠信於謹言愼行三致意焉至於性與天道子貢尤嘆其不可得聞況其

下者乎先生之學始於篤行終於心悟非徒滋口說者雖選所著述如樂學歌大成學歌諸作天趣灑然悉出胸中所自得至評論夷齊三仁武王代紂等事皆精微至論罔有蹈襲足垂千古君臣之鑒嗟乎若先生者豈非一代之大儒哉先生修軀古貌兩掌心肉珠微起左一右二有握乾把坤之象天之生德夫豈偶然俎豆於其鄉誠非過也中丞耿公定向督學南畿時欲

專祠先生不果迺抵書海防程憲副學博建祠州中祀先生俾後學有所覲感而興起且以屬鄉中丞凌公儒經紀其事太守王君陳策員外郎黃君鶚協贊之肇工萬曆乙亥十一月丙子二月工成祠宇凡三楹門垣整飭足垂永久廵撫大中丞王公宗沐吳公桂芳爲置祭田二十畝屬先生仲子壁管業以其租供祀事有餘以給四方來學者壁篤實高明克世其學予嘗辱

先生之教因紀其事而繫以詩詩曰

孔孟正學曰致良知闖自東越淮南紹之

匪曰口耳躬行不息凡我後生敬承勿墜

秋八月都察院右僉都御史海陵凌公海樓

儒撰先生祠堂記

孔孟之學堯舜禹湯文武相傳心法之精

其與廢繫治道隆替至要矣漢唐影響支

離不絕如綫宋室伊洛閩師友淵源得窺

堂奥

明興經術論士本衰華盛是故繪章句妙悟難狗口耳實躋難去道遠矣卽學士大夫專門名家談之終身猶毫釐千里刻海濱無傳未嘗學問廼能超然默契確然允蹈直與孔孟曠千載而流光也嗚呼難哉吾鄉心齋王先生本農家子生長竈間年三十纔可識字一旦見論語孟子伏而讀之恍然曰是孔孟之學耶何舊說與吾相馳也時時出新得與塾師商之遂勇於徇

擔慨然如孟軻氏願學孔子隨言隨悟隨悟隨躋由是義理日融踐履日篤廼遊南贛謁陽明王公辯難所謂良知之學始不拜後執弟子禮因悟萬物一體仁人之心一夫不向於善過在我也思以其道易之製輕車往京師與風動四方啟其聾聵道路觀者輒開誠誨之諄諄每曰爲臣宜忠爲子宜孝如呼寐者使之醒聞者罔不泫然涕下既歸益去矜持就渾化灑然日新

嘗自謂居仁三朞庶幾顏氏子夫學難於
妙悟實躋若先生盖兼之矣海內士大夫
慕先生日輻輳造廬請焉先生各因問指
點字字句句皆吐自胸中不事虛寂說一
時神氣令人毛骨悚然去故即新不遑暇
其開發所得則虛往實歸譬之飲江河者
人人充其量也語曰然而識之學而不厭
誨人不倦先生有焉先生不喜文詞所爲
樂學說大成歌與勉仁方具載語錄雜著

生所心得不盡疑亦發之一人可垂之千
古者予嘗評諸里中曰好善人心之靈也
古與今一也儒不學何能窺見心齋先生
第自先生觀之其爲善也欲人之爲善也
斯一念如水之必寒火之必熱天下後世
且無疑況里閈耶然則鄉先生殁而可祀
於里者非先生而誰也當先生存時撫院
梅谷劉公節按院踈山吳公悌交疏以薦
於

朝廟寢不報追先生之殁學院午山馮公天馭象岡胡公植初泉吳公遵先後追崇勅祠其鄉遺場官行如有司禮然泰山之祀德意自學院楚侗耿公定向舉之旋議中罷夫用舍行藏惟命與時無論已獨一祀事且不終先生之不遇盖如此嘗慨之世有徒以口耳章句獵一第博一官跡其平日在朝在鄉無毛髮豎立苟其人稍在許可或布衣子孫顯貴殁後皆得占籍鄉

賢有司者不問其賢不肖春秋俎豆罔敢墜失視先生越俗之識亞聖之資妙悟實蹟有功孔孟奚啻什伯與千萬也廼懿典舉矣卒以忌者之說罷之何心哉萬曆四年憲副小蒲程公學博來兵備海上修舉廢墜推楚侗公雅意特建祠州之西而知州蕭景訓氏祗承惟謹凡兩月工竣扁其祠曰崇儒屬祀事於州大夫主時獻享屬祠宇於王氏子孫主時修葺于以風示鄉

人撫臺敬所王公宗沐自湖吳公桂芳相繼移文申重復蠲贖金置祭田使不費有司永無紛張盖至是天迺定矣嗟乎豈人心之良終不可泯先生之學久而益信也歟邇來俗變風移海内多不論學而里閈中亦漸凌遲獨先生之子東厓襞能意氣不摧世其家學時聚同志講明祠中人心稍稍復振厲興時標轉轍換安知不有聞風興起大能闡明孔孟之學如先生者出

乎是祠也固斯學之餼羊何可少也予固
因小蓮公乞言垂石爲述先生宜祀不宜
廢爲後來者告焉
十三年乙酉春正月詹事府右春坊右諭德韓
公敬堂世能工部都水司郎中蕭公景訓
題請先生從祀
孔廟奉
旨該部議
十四年丙戌秋八月鹽臺河東陳公岐岡遇文

修崇儒祠
扁云海陵傑士
十五年丁亥冬十月州尊仁化譚公見吾默扁
云真儒正派
十八年庚寅秋七月鹽運司分理泰州事嵊郡
周公海門汝登脩精舍祠
十九年辛卯春三月撫臺安福周公山泉案修
先生崇儒祠
扁云默契心宗

冬十月州尊金浦游公振巖春霖贈扁云道
脉眞悟
二十年壬辰夏四月禮部儀制司郎中海陵陳
公蘭臺應芳奠文
先生崛起海濱一從問學卽透性眞得師
而事遂爲文成夫子之高第弟子而講學
明道一時仰止者謂爲東海先覺之天民
流風未遠遺訓若新芳也夙壓私淑兹者
歸里借二三同志期訂會以輔仁將紹明

先生之學奉爲依歸以對越先生之神特
申虔告仰冀陶鈞伏爲鑒之
秋八月泰州學訓房郡李公桂軒香置先生
祭器奠文
先生天植其英海濱托處邁迹自身人孰
不知其統一聖眞耶其剛毅之資冲和之
氣靈睿之性黙成之行奚待予言而後知
其備哉獨討學術所在有幾微毫髮之辨
者而先生能發之吾儒之與佛老判若黑

自兩端彼竄而入而遂爲吾道混先生則
目有吾儒之體便有吾儒之用佛老之用
則自是佛老之體體用分而正衺辨先生
何衛道之嚴也載籍極博學者猶考信于
六經先生則曰經明不用傳道明不用經
六經四書印證吾心夫舉經書而歸之道
舉道而歸之心先生何會道之約也出處
不同時隱見不同道先生既以講學諒唐
虞之君臣又以孔子之不厭不倦即位育

之功業先生其出處隱見一致者歟君臣之分等于天地一經委質終身不改先生始議武王不與三仁同易位之舉繼議武王不立微子安臣節之誼先生其扶天綱地維于不墜者歟凡此之類不可枚舉是皆發聖心之所未發而大有功于聖門者也自非心涵千聖之精見決萬古之疑者曷克臻此然則謂先生志孔之志以聞孔之道非耶不然先生何以見顏孟之未融

周程之匪特哉是宜其振道化于當年而
教後世於無窮也已香恭訓泰仰止景行
絜酒生芻用展微忱庶來格來歆
冬十月撰先生真容贊
先生有真體不在耳目與口鼻身以備三
才貌以偕四序有手兮掌握天地有足兮
東西南北是固非口舌之所能形亦豈畫
工之所可悉我儀思之渾然太極
二十二年甲午秋九月戶部尚書耿公撰先生

傳文

先生姓王氏名艮字汝止泰州安豐場人世隱約未顯先生生有異質隆顙修臞少食貧父曰紀芳服戶役于公一日天甚寒方急鶩盥冷水先生至親所覩之痛哭曰爲人子令親寒盥冷水而不知也尚得爲人乎自是出代親役里巷人孚其忠信家漸以給尋同里人商販東魯閒經孔林先生入謁夫子廟低徊久之慨然奮曰此亦

人耳胡萬世師之稱聖邪歸取論語孝經
誦習至顏淵問仁章詢之塾師知顏子爲
孔門高第弟子曰此孔門作聖功非徒令
入口耳也爲篆書四勿語昕夕手持而躬
踐之里俗故好奉佛先生準古秉禮思以
易之令廢佛像崇儒教
武廟南巡一日中貴矯
上旨索鷹犬于里橫甚里人惶惑追咎爲慢佛
故先生曰毋怖吾自當之躬往謁中貴中

貴爲先生言論丰儀所感格嚴戢其下更與先生交驩擬薦于上尊顯之先生婉謝辭避焉久之行純心明以經證悟以悟經經慨世學迷蔽于章句思國學爲天下首善地往以所學諭司成司成使學徒問所治經先生荅曰治總經也司成進與語奇之曰此非吾所能與也須遇越王先生始能成之一夕夢天墜壓身萬人奔號求救先生身托天起見日月列宿失次手自整

布如故萬人歡舞拜謝醒則汗溢如雨頓覺心量洞明天地萬物一體自此行住語默皆在覺中因題其座曰正德六年間居仁三月半此先生悟入之始也是時文成王先生自龍場謫歸與學者論孔門求仁知行合一泥者方譬爭之十四年文成鎮撫虔又極論良知自性本體內足大江之南學者翕然從信而先生顧奉親鶉居未及聞也有黄婺師者虔中人也聞先生論

詫曰此類吾撫臺王公之談先生喜曰有是哉雖然王公論良知某談格物如其同是天以王公與天下後世也如其異是天以某與王公也卽日之虔至則以詩爲贄踞然由中甬據上坐往覆辨論者累日卒會于心始師事焉久之嘆曰風之未遠道何由明製輕車詣

京師所至講說人士聚聽多感動先是都下有老叟夢黃龍無首行雨至崇文門化

爲人立晨起往候而先生適至應之著書
千餘言諄諄申孝弟擬伏
闕上然先生風格旣高古所爲又卓犖如
是朝士多相顧愕眙勸止之先生留一月
竟諸衆心而返還見文成文成思裁之不
見先生跪伏庭下痛自省悔久之乃見嘉
靖初文成復起制兩廣先生陳格物旨文
成曰待君他日自明之越戊子文成卒于
師先生迎哭于桐廬經紀其家而還開門

授徒遠邇皆至先生骨剛氣和性靈澄徹音欬眄顧使人意消即學者意識稍漏不敢正以視往往見人眉睫即知其心別及他事以破本疑機應響疾精蘊畢露嘗舉魯論就正語悟呂仲本發大學止至善旨于鄒謙之晚作大成學歌進羅達夫又作勉仁方以勵同志深乎深乎可繹思也先生自少不事文義鮮所著述乃其深造自得所謂六經皆註腳矣徐方伯子直承其

學傳趙文肅羅大參惟德承其學傳官洗
楊貞復宅如敖司成張中丞尊信其學者
未可殫述五子皆令志學不事舉子業仲
子壁猶能述其學余徒白下李士龍楊道
南吳伯恒焦弱侯俱與莫逆余因得私淑
云總憲劉公節鹽法吳公悌皆特疏薦聞
侍御洪公垣搆舍居其徒趙文肅疏用眞
儒意在先生也卒格不報嗚呼天篤生先
生儻亦第使爲木鐸邪先生誘進後學非

獨纓緌詩書士炙而速肖欽風異起下逮蕘豎陶工一聞謦欬若澡雪其胸臆而牖發其大機于時里有樵者朱姓名恕日樵采易麥糈擇精者供母而褁其糲粃爲糗以樵一日過先生門負墻竊聽有味于中自是每往則必詣門側聽饑則取所褁糗向都養所乞餘飲和食食巳樵如初瘁則弛所負擔趺坐以息踰時仰天浩歌聲若金石適然自得也先生門徒或覸其然轉

相驚異有宗姓者心憐之一日出數十金招而款語曰諗子雅志顧若貧而勞生我此願奉此爲子生理計免樵作苦且令吾得日夕相從商切幸甚朱手其金僞而思徐大恚曰子非愛我吾茲目此此裹經營念憧憧起矣是子將此斷送我一生也力卻之後學使胡植氏數招見之匿不見學使故假往役謁下檄督之急乃勉用齊民禮服短衣徒跣以往學使令人扶之入而

加服焉乃得一見云其後又有陶者韓樂吾氏名貞居蓬屋三間陶甓爲生常假貸于人爲甓甓坯爲雨壞負不能償并其蓬屋失之居破窑中聞樵者朱氏風從之學朱■卒業于先生仲子漸習識字粗涉文史嘗自咏曰三間茅屋歸新主一片煙霞是故人簞瓢屢空衣若懸鶉晏如也年逾三紀尚鰥仲子倡義屬門徒醵錢助之婚婦初歸日笥餘一二裙布盡分給所親與

之約曰吾志希梁鴻吾不鴻若非而夫而
不孟光若亦非吾妻也買蒲日爲程令織
鹽囊易糈以給朝夕婦朝夕作饘已肅共
之如賓焉後聆先生學有得毅然以倡道
化俗爲任無問工賈傭隸咸從之游隨機
因質誘誨之顧化而善良者以千數每秋
穫畢羣弟子班荆趺坐論學數日興盡則
拏舟偕之賡歌互咏如别村聚所與講如
前踰數日又移舟如所欲往盖徧所知交

居村乃還翺翔清江扁舟汎汎下上歌聲洋洋與棹音款乃相應和觀聞者欣賞君羣仙嬉游于瀛閬間也有縣令某聞而嘉賞之遺米二石白金一鍰受米而還其金致書謝略曰儂窶人也承明府授粲弗領一石艤貯以給數月饔飧餘一石分給親友以廣明府惠金惠過渥非窶人所堪承也令問政對曰儂窶人無能輔左右第凡與儂居者幸無訟牒煩公府此儂所以

明府也令檢案牘稽之果然益敬禮焉李元宰時休沐在里數招見之不往且奏記盡規李公益重其人予典學甸畿時寓書屬余嘉獎以廣厲士風予因致禮加幣且誂禮喻之令其必受渠乃受之買牲祭王先生祠分胙于其同門後予巡校泰州謁先生祠渠來謝與之坐余偶觸境示諸生性無加損虎囘道故相某取高第位極人臣矣一旦以網淺不得意且熱中失常云

渠在傍不覺狂發拊膺歎曰安能如儂識此些子意耶予莞爾曰世故有大行不加者能不加即不損窮居而意氣有加亦損也其師王仲子謂曰韓生識之大行窮居須一視焉可也渠重頷云嘗與諸名公卿會論學間有譚及別務者輒大諫曰光陰有幾乃爲此閒泛語或稱引經書相辯論則又大恚曰舍卻當下不理會乃搬弄此陳言此豈學究講肆耶諸名公咸爲悚息

識者謂其氣沖牛斗胸次怡怡號曰樂吾不虛云

耿定向氏曰我明自姚江倡學後世以學自任者不尠獨先生之學傳浸廣且遠何哉盖學爲本諸身可徵諸庶民乃可法天下傳後世也先生爲學其發志初根本于誠孝綜其學旨以悟性爲宗以孝弟爲實以九二見龍爲家舍得孔氏家法矣其旨歸以格物知本

◎

爲要以遷善改過反躬責己爲勉仁廓彼
聖途至易至簡固超然妙悟不滯形器而
亦礭然修證不墮玄虛藹然孔氏正脉其
師表公卿下逮樵豎陶工有以也或者疑
先生出則爲帝者師處則爲天下萬世師
語懼爲狂誕者口實然乎曰否先生實自
篤信其道如此若曰執此輔仁親親長長
天下平治世之大經大法具是所謂有帝
者起必來取法執此善世庸言庸行愚夫

愚婦可與知能所謂聖人復起不能易者
云耳非謂學者必務自尊大如此也先生
嘗謂立其身以爲天下國家之本則位育
有不襲時位者其所以語立身者甚詳而
所以自立者盖甚嚴矣考其生平無莠言
無越履巨節細行咸可以昭日月通神明
語曰苟不至德至道不凝先生之德至矣
世跡一二末學之狂逞而病先生學是懲
噎而廢食也先生之學乃民生日用之飲

食可廢乎哉洪惟
皇祖龍蟠淮甸重造乾坤廓清寰宇維時佐命
元功遘雲龍風虎之會者多江北淮南產
也傳八葉而先生挺生于泰泰固淮甸委
也孟子嘗謂五百年王者興其間必有名
世又推堯舜湯武之相承咸有見知聞知
者然則先生之生鍾靈應運非偶也先生
作歌曰常得斯人繼斯道
大明萬世還多多斯道晦明故與壯

隆替頗世共明先生之學不爲異說所[illegible]

我

明亶其無疆惟休哉余爲是述先生履行

傳表而章之以諗諸同好云

冬十二月南京吏部右侍郎衡郡曾公楨齋

朝節奠文

學有正緒肇開唐虞晦明明晦義存詩書

爰逮孔氏天縱弗試不厭不倦立則萬世

六經删述孟氏紹明濂溪以來豈曰無人

醫獨先生嶓興滄海魂靈自悟幽通玄解
大義數十遺教炳然知者世稀正學賴傳
節生晚質愚猶幸私淑垂三十年醒以餘
鐸來遊南國竊邇宮墻啓予歆予歆此潔
芳
祈云悟明正學
二十三年乙未春正月署泰州事刑部郎中
登州陸公鳴阜埜奠文
於乎克念作聖道心惟微人異禽獸

幾希恒嗟主翁思向物移一當物交引而
去之子然立者血肉軀爲埜幻讀父書危
豈愛身拜官雲署實緣名淪已罔修求何
以治人沉綿疾瘧岐路波旬夢中醒喚良
知持循欽惟先覺不令忞泯莊敬持養仁
自諄諄斯未能信四十無聞瞻祠再拜氣
轉鴻鈞謝得此體七尺忍汩既往莫追乙
未正月青天白日私淑餘師盛德炳若流
風在茲裕孫繩武輔仁可資甚詛奠安豐毅

然泣下遺像儼然況親炙者泰山增高滄
海廣瀉百歲來今其和或寡愧匪文翁士
何爾雅魯有仲尼鄉多游夏於昭靈爽降
鑒爵享

一扁云東海大儒

夏四月撰先生樂學跋

先廣平君處埜頑愚嘗語甘泉二業合一
訓四十年始全讀嗚呼何聞之晚也其云
爲德業者固讀聖賢書習舉業者亦讀聖

賢書良知良能人知同有存心以立我斯讀書作文之大者故不易業而可以進於聖賢之道者舉業是也不易志而可以大助於舉業者聖學是也陽明往復諸書異辭合旨海陵心齋王先生學陽明者也崛起布衣恍然樂學其於舉子業深有裨故曰不患妨功惟患奪志識得此心以莊敬持養之終身立命更有何事而樂學一也一簞勿受即萬鍾何加小官不卑即三公

弗易丹心可照正氣長歌韋編欲絶五十學易學在我樂眞我爾心齋先生語錄年譜自傳於世茲歌與儒先互發明幸官茲上拜瞻景德私淑欽風嘉與學者樂之亦成己成物之大端謹跋

秋七月泰州學訓蜀峨眉彭公肖崖梅萸文

梅西蜀人也童稚時誦樂學歌竟莫知所自及分教泰州春丁分祭王先生祭畢覽碑誌始知先生顛末先生崛起海濱念旬

始知向學手持論語逢人質問即以道明何用經經明何用傳了此大意頓悟宗源觀正德六年間居仁三月半則先生之顛悟玄解聰明天授迥超上乘矣渠家所謂頂門一開萬緣澄徹者非耶先生以孔孟爲標準以六經爲證印以良知爲公案以孝友爲根本以躬行爲實踐以修身見於世爲功業故其言曰伊傳之事我不能伊傳之學我不爲以伊傳無明道教人之意

也惓惓倡明道學汲引善類總之則以天地萬物爲一體致良之知外無餘術當時薰其德而善良者陶人不止樂吾韓眞樵人不止樂齋朱恕一時士大夫航海而造先生之廬者任其往來啓迪不倦何異乎孔先師設教杏壇羣弟子四方畢至也哉先生旣沒教化益彰憲臺移檄建立祠宇春秋特祀用報厥施至今崇信而表揚之者歷歷不已則先生之澤豈止於五世而

斬乎夫以縉紳先生策名天府身死名滅者皆然閒或功施一方享一時之祀事者有之先生布衣榮名盛世專祠血食與國同休視夫取青紫博名高死同腐草者奚啻雲泥也耶誠無位而貴無爵而尊儼然孔孟之家法猗與休哉行將與俎豆爭輝也已先生長孫之垣者會饌於庠篤夫婦之倫誓不續娶可謂繩其祖武有光於衣鉢也者先生有靈其默佑之

冬十二月泰州學正任丘王公尚齋立志奠
文
心齋夫子海涯崛起不階指授與道爲體
神解玄詣歸眞契聖悟性覺遂千里響應
乾象手序人紀恢張夢符天授兆啓明昌
躬先孝弟陳常渤澥愍卹請災殖僵甦瀕
洞廓聖途披靡榛蕪見龍正位宅是太虛
孔孟同心勉仁樂學秘洩千古天民先覺
淮南格物越中致知與軌同邈胥百世師

譬彼上乘兩輪貫轂從祀後先不蔡可卜
志也夙懷嚮往景仰前修區分南北縮地
亡繇愧茲濫竽來游錦里匆煩介紹瞻謁
祠宇家有遺亂博帶逢衣世業三傳風韻
猶併耿光如存芳蹤可躡乃顯乃承對敭
懿烈遊門觀海不虛此生俎豆馨香昭格
寵靈
二十四年丙申春二月淮揚兵憲長山曲公帶
河遷喬奠文

天地晦明惟關一道道脉斷續惟係一心
慨自末學影響孰探先聖遺眞濂溪而後
賴有文成疇能師事獨我先生淮海邁迹
天挺性靈箴先孝弟學重勉仁以經證悟
以悟釋經樂學著作大成振音聲失序之
天文犁然如故啓聾聵之耳目爽然一新
揭良知而明炳日月倡格物而見徹古今
山斗氣象飛躍胸襟豈直追踪往哲丹亦
垂範後生洵也天民先覺展矣

昭代偉人喬生當晚學末由趨庭來役茲土歛
承君親悼芳軌兮既遠欣私淑兮有人茲
薄儆芻絜用攄悃忱薰蒿爽格默藉陶鈞
秋八月私淑門人唐珊率門下同志奠文
唐虞中道孔孟仁心良知東越格物海濱
千古一脉元氣流行大哉
先師造物鍾靈一私不着萬善叢生闡述
前聖啓佑後人道握其樞德極其至匪玄
匪虛至簡至易卽事是六卽知是事振鐸

警愚定期爲會推重躬修敦崇孝弟切切
偲偲勉仁導義弟和兄歌子紹父志聚樂
一堂寒暑不置嗚呼
先師之門四方之歸居室出言千里應之
矧生茲土敢出範圍珊也晚學鄙夫不獲
仰步趨於親炙而拜瞻遺像猶得儼對越
於在茲敢偕二三同志聚祠下將紹明
先師之學以奉爲依歸
三爵布告伏惟鑒之

二十五年丁酉春二月浮梁學訓海陵劉公西

郭淸題句於樂學堂

崛起海陵接孔孟師模之正脉

潛心理窟等唐虞事業於浮雲

夏五月淮安推府河東曹公貞予于汴奠文

於惟先生崛起海濱剛果眞切必爲聖人

竟纘斯文卓哉先覺不揣愚蒙謬懷聖學

風靡習積乍開乍昏趨蹌祠下仰止芳芬

虔具牲醴再拜陳辭於惟先生牖之翼之

秋九月州尊浮梁張公樂衢驥奠文

今世學士靡匪以聖人爲宗聖人憂學不講以故講學之名昉於尼山而延於億禩所從來遠矣顧聖人不又曰耻躬之不逮乎夫講者講也躬行者所以講也於人爲實心於天地間爲實理於天下萬世爲實驗斯誼澌滅文成公繼濂洛而倡明良知之學實身體之淮之南有覺者蝺起曰心齋先生先生初固亭子也一旦伏讀鄒魯

[illegible]書而超乘格物之旨因往事文成而議
志焉匪以資譚說而日論辨之而心證之
[illegible]而躬蹈之居恒以孝友爲根本以造就爲
[illegible]事業訓嚴四勿春滿一腔樂學有歌攄眞
趣也大成有詠識正諦也勉仁有方天理
有說胥教誨而指眞詮也鑿鑿躬行第曰
講之云乎哉余伏卒業先生家乘而識先
生躬行之學其感格有不可誣者無論四
方縉紳學士一千里雲從孔庭三千不啻焉

即造次一語化及中貴亦及不遑甚者天風應禱霖雨隨祝此胡可户說冀哉誠之不可掩也如此夫噫嘻先生逝矣至今俎豆宮墻無滅闕里又何令人久而益信若斯也余生也晚夙慕先生躬行之學展拜祠下撫先生後人而承二爵焉詩有之高山仰止景行行止今日之謂與至於稱述之備綜理之周前人已悉具矣又奚容余之贅焉

冬十月吉水鄒公南臯元標贊語

或問鄒子曰泰州崛起田間不事詩書一布衣何得聞斯道卓爾予曰惟不事詩書一布衣此所以得聞斯道也蓋事詩書者理義見聞纏縛胸中有大人告之以心性之學彼曰予既已知之矣以泰州之天靈皎皎既無聞見之桎梏又以新建明師證之宜其爲天下師也竊嘗論新建有泰州猶金谿有慈湖其兩人發揮師傳亦似不

殊斯道不孤德必有隣予于茲益信或曰泰州主樂末世有猖狂自恣以爲樂體奈何予曰此非泰州之過學者之流弊也夫流弊何代無之終不可以流弊而疑其學也

二十八年庚子春三月揚州府太府楊公崑源洵推府徐公躍玉鑾泰州知州張公樂衢蠲捐俸肖先生遺像

准泰州申文批云心齋先生倡道學於海

濱悟微言於千載學自得師熙隣殆庶陽明先生之後惟公　人而從祀大典尚闕寥寥顧先生之道與山河日星同其悠久遺文景行歷遠彌先況泰州乃先生桑梓文獻未絕過留城者尚悽愴於子房游九原者亦留連於隨會先生廟宇雖建遺像未搆恐繪事歲久松鉛剝落攝齊升堂烏乎可仰本縣自捐俸一月克襄斯舉但與起斯文惟本府所亟嘉意仍候牒堂施行

夏五月立先生傳於府志揚州推府徐公撰述

王心齋先生者初名銀逮事陽明先生爲更名艮字汝止其先姑蘇人祖伯壽者從居海陵遂世爲海陵人所居里爲安豐場俗煮海爲生不事儒先生生而額異隆準廣顙長九尺自弱歲頗從塾師受大學章句而家窶甚弗能竟學也弱冠先生父紀芳使治商往來齊魯間已又業醫然皆弗竟嘗從過闕里觀孔子廟及諸大儒從祀

聽注久之太息曰是聖人者可學而至耶
同輩咸愕眙所言乃歸取孝經大學論語
日誦讀置書袖中逢人質所疑義有所得
必見之行父役官府晨起以冷水盥先生
痛自責以人子不能服役而使父自苦也
遂請代父役而晨昏定省禮益虔自是人
稍知先生能事親孝矣居久之忽有所悟
若洞明於宇宙萬物一體之故動靜語默
俱在覺中先生益自信乃製古深衣服冠

五常冠緌經搢笏所至與人講論道學務
其門曰此道貫伏羲堯舜以來不以貴賤
賢愚惟有志者傳之鄉人始而駭漸而信
久而浸與俱化焉正德中内官佛以上命
捕鷹畋獵過海上所至騷動先生躬詣其
庭諭以理義佛矍然起敬約共獵則與偕
獵因勸以請上旋蹕毋馳騁以安天下内
官卒感悟徙去亡擾害里中盖至誠感人
如此是時王陽明先生守仁鎮豫章以道

學爲海内宗先生從塾師黄文剛聞其語
詑曰海内士大夫亦有明聖人之道如某
者乎吾不可以不往證乃辭二親往謁王
持海濱生刺踞上坐與語良知及堯舜君
民事業大悦服願爲弟子已稍疑則又卽
上坐反覆論難數日乃竟執弟子禮焉陽
明先生語人曰吾持萬衆擒宸濠未嘗動
心今日爲此生心動矣然先生益自任乃
辭陽明先生去製招搖車將遍遊天下遂

至京師都人士聚觀如堵顧以先生言多出獨解與傳註異且冠服車輪悉古製咸目攝之會陽明先生亦以書促還會稽乃復遊吳越間依陽明講業自是亦斂圭角就夷坦因百姓日用以發明良知之旨而究極於身修而天下平其言簡易徑截不爲枝葉學者有所疑難見先生多不問而解自大儒鄒公守益湛公若水呂公柟歐公南野咸尊重先生如陽明先生也陽明

先生卒于官先生迎喪桐廬營其家先生
年五十餘學益深造門人董燧徐樾等與
四方諸來學者日衆而廵撫劉公節御史
吴公悌俱疏薦先生而御史陳公讓按維
揚訪先生以事阻乃作詩呈先生稱海濱
伊傅云云何先生寢病夜有光燭地達旦
先生語門人曰吾將逝乎然猶力疾與門
人論學不懈諸子泣請後事先生顧仲子
壁曰汝知學吾何憂又回顧諸子曰而兄

知此學吾又何憂無一語及他事遂卒年五十有八門人爲治喪四方會葬者數百人督學胡公植祀先生於鄉賢而麻城耿公定向復專祠先生於吳陵書院有司以春秋祭祀焉先生崛起海濱以先覺覺民爲己任致良知之學陽明先生爲宗先生爲輔乃一洗俗學支離之陋天之未喪斯文其在茲乎學士大夫得先生指點開悟者甚衆其宗傳純夫云只心有所向便是

欲有所見便是妄既無所向又無所見便是無極而太極良知一點至簡至易不用安排思索聖神所以經綸變化者本諸此也 示徐子直云良知即性性焉安焉之謂性知而復焉執焉之謂賢惟百姓日用而不知故曰以先知覺後知一知一覺無餘蘊矣 示林子仁云物有本末是吾身爲天地萬物之本也能立天下之大本然後能知天地之化育 示羅念菴云此學是愚夫

愚婦能知能行者聖人不過欲人皆知皆
行即是位育不知此縱說得真不過一節
之善示門人云危其身於天地萬物者謂
之失本潔其身於天地萬物者謂之遺末
又云顏子有不善未嘗不知常知故也知
之未嘗復行常行故也又云君子不以養
人者害人不以養身者害身不以養心者
害心問異端曰聖人之道無異於百姓日
用異此者謂之異端問節義曰危邦不入

亂邦不居道尊而身不辱其知幾乎然則何以云成仁取義曰處變之權也又示門人云日用間毫釐不察便入於功利而不自知蓋功利陷溺人心久矣須見得自己真樂直與天地萬物爲一體然後能宰萬物而主經綸所謂樂則天天則神蓋誨人眞切如此其詳在先生年譜及語錄中不具載先生築斗室于所居後坐息其間號心齋學者因稱爲心齋先生云

徐子鑾曰余觀心齋先生其未遇文成時師心自悟見其大者殆孔子所謂狂歟晚于致良知之學精微而易簡守約而施博抑何超然獨詣也從文成學者幾半海內惟先生絶離蹊徑蓋先生生長海隅無紛華世味之染又少不爲俗學無言語文字之障其得天全矣舊誌傳先生甚略余故述其行事語略庶學者有所仰止爲列傳焉

夏六月推府徐公撰像成奠文

猗歟先生崛起海隅師心獨悟宇宙爲徒晩遇文成見道益卓廣大精微展也先覺經綸未究哲人其萎遺文景行百代可師廟貌有巖德容孔睟入室升堂愚我同志猗歟休哉

夏六月泰州儒學學訓古范寇公惺予禴漆園張公鶴皐鳴遠龍舒劉公衡澤咨益奠文

濂洛之後賴有文成文成師事獨有先生孔孟之道得濂洛常存濂洛之學得先生常明直接洙泗軼起洛伊文成以來一人而已論等晩學叨訓多士得拜遺容敢不正人心明正學以承先生之功先生其鼎之翼之

總陽正脉

濂洛眞傳　張鳴遠題

二十九年辛丑冬十一月翰林院太史曾公植

齋朝節以先生傳考館課庶吉士王公聚

洲元翰撰文

越中陽明先生以良知之學倡道東南呼醒世夢諸學者翕然宗之如衆流之赴壑而羣鳥之歸鳳矣於時有龍谿先生心齋先生號二王其最著云心齋先生名艮字汝止揚之泰州人也四世祖仲仁生文貴文貴生公美公美生紀芳紀芳生先生生于安豐塲生而有異徵肉珠在手左一右

二隆額修臞而聰警殊常見里俗多貧鹽
故先生年二十餘未知學問近三十誦論
語孝經忽悟曰此入道之的也于是慨然
以古聖賢爲可學而至矣一日至親所見
親以急鬻方鹽冷水滷痛哭曰某爲人子
使親鹽冷水而不知尚得爲人子乎遂竭
力代親役而朝夕省定一如古禮惟謹先
生孝出天性而行持益力久之心地豁然
開朗獨契六學格物宗旨謂格物者格

有本末之物也物有本末而身爲之本則當以天地萬物依乎己而不以己依乎天地萬物所謂知之至也此眞足訂千古之訛而補宋儒之所不及者也自此學有欛柄獨修獨證而語默動靜皆在覺中嘗題其庵曰正德六年閒居仁三月半盖躬行實踐之悟與口耳聞見之悟淺深不可同年而語矣是時王先生巡撫江西極論良知自性本體內足併知知行合一之旨先生

方奉親家居皆不及聞有黄塾師者聞先
生論説曰此極類陽明先生之談學也先
生喜曰有是哉雖然王公論良知某論格
物如其同也是天以王公與天下後世也
如其異也是天以某與王公也即日買舟
兼程趨造江西至則服古冠服止于門欲
王先生親迓乃肯前左足王先生睹其衣
冠訝之對曰此服堯之服也遂以所得辨
難屢日卒稱王公先覺者退就弟子列盡

得其致良知之說間出格物論質之王先
生曰待君他日自明之耳一日辭王先生
還家製輕車詣京師沿途謁學人士羣聚
聽之多虛往實歸以故競匿之勸而止之
先生留一日竟諾衆心而返越五年戊子
王先生卒于師先生迎哭于桐廬經紀其
家還嘆曰先生之身既沒追之不可得也
先生之心在不可得而傳之乎于是闢門
授徒遠近皆至益闡明王先生之學毎示

學者明哲保身論若曰明哲者良知也明哲保身者良知良能也知保身則必愛身知愛身則必愛人吾身保矣不然身且不能保矣又何以保天下國家哉先生從物有本末透入保身政重本之實際也吁此聖脉也一友疑之問以節義先生曰危邦不入亂邦不居道尊而身不辱其知幾乎曰然則孔孟何以成仁取義答曰此應變之權非教人家法也其貴保身蓋如此充

生往往見人肯綮即知其心其引接人[illegible]
論隷僕皆令有省或問以中曰此章僕之
往來者即中也又曰聖人經世只是一家常
事機應響答精蘊畢露廓披聖途使人速
進至于出處大節凜然不苟嘗曰吾出謝其
爲帝者師當量而後入不可入而後量也
前此諸儒忽于此道至于入而後量是以
取辱者多矣可不監哉其自重能如此又
曰聖賢用世步步皆有成筭毫髮不差又

曰聖人之學不費些子氣力故有心于輕
功名富貴其流弊必至于無父無君有心
于重功名富貴其流弊必至于弒父與君
妙論熏心名言破的多發前人所未發也
先生風格高古氣魄闊大而音咳顧眄便
人意消雖顯貴至捍戾不悅者聞先生皆
對衆悔謝不及內江趙文肅撰志曰先生
之學以悟性爲宗以格物爲要以孝弟爲
實以明學啟後爲重任以九二見龍爲正

位以孔氏爲家法可謂希聖歸真生知之
亞意文肅矩言矣先生平生不喜著述酬
應諸作皆令門人兒子把筆口占授之道
所欲言而止晚作格物旨勉仁方樂學歌
諸篇行一世雖聖人復起不易其言也紀
夢者乃謂先生自夢天墜壓身手托日月
整理星辰如故而人爲先生言夢者云有龍無
首行雨至崇文門立變爲人晨起候而先
生適至云云噫亦觀先生龍德而隱者也

肩天地古今道脉任之一身如日月復明而星辰復燦此固日用中之布帛菽粟也又何必神其說以爲先生重哉先生今往矣四方縉紳過揚者想其遺風多造其廬與其子孫論學焉時總漕劉公節巡鹽吴公悌皆抗疏薦之不報侍御洪公垣構書屋居來學之士號心齋其徒遂稱爲心齋先生生子五衣壁綴補難以嘉靖庚子十二月八日卒于正寢悲乎

三十一年甲辰春三月雲南少參[illegible]浙江嵊邑
周公海門汝登題聯句于樂學前堂
取友隆師大家都爲何事須密密綿綿向
隱微處參求閒忙不昧自然有時透徹
盡心知性這個不是空譚務真真切切在
應感上磨鍊心境一如到此乃足承當
三十二年乙巳春三月新安私淑弟子陳履祥
聯維揚合郡大會舉在門同志吳光先撰
玄嶽陳良棟方天民陳嘉顥吳士賢胡木

吳廷彥王弘器[illegible]陳亭駒王元凱奠

文

於惟夫子崛起海濱承泒良知統一聖眞

哲人既往山斗嶙峋茲予小子肝江傳心

淵源有自繼述嶶音遠謁

庭下遺旨欽承宗祏不謬啓佑有成爾異

歸同孔學大明兢兢皇皇

夫子攸

歆

冬十二月江北按臺鄱陽黃公雲蛟吉士親

謁先生祠　致祭扁云陽明高弟

三十四年丙午春二月整飭維揚憲副武林張

公雲臺鳴鶚親謁先生祠扁云性學眞傳

冬十月南京操江都察院右副都御史楚黃

耿公叔臺定力移檄修葺先生祠宇重刊

譜錄

檄曰爲表揚先哲以勵世風事照得泰州

王心齋先生超悟魚鹽之中直承洙泗之

緒已經撫按累薦於朝追先恭簡鬱學此
方建祠以祀久矣竊惟先生以契聖歸眞
爲血脉以修身立本爲準繩佐文成如輔
車開後學之塗轍即今宇內羣賢所闡繹
尚多海方一脉之流傳間因源遠而溷其
流或以孫枝而戾厥祖譬若莊周之于子
夏李斯之于荀卿乃不遵師訓之所致未
可以爲師咎也本院夙討論于家庭忝觀
風于圻甸念尊賢乃可以範俗而經治莫

急於明儒爲此牌仰該州文到之日即動
支本院官銀彙葺祠堂重刊譜録羣多士
而時萃之講習尋遺緒而益令其昌明不
惟先覺之道風無墜而於一時之文治有
光矣
冬十一月耿陞南京兵部右侍郎奉　恩廕
子修崇儒祠未竣後撫院嘉禾丁公改亭
寘以前院官銀不敷鬻贖重刊譜録
三十五年丁未秋九月督學武林楊公淇園廷

鈞親諝先生祠扁云先覺堂

冬十月私淑弟子陳履祥題聯句于樂學堂

匹夫百世師學樂樂學濟濟明來都是時

習君子

片言千聖法格物物格蒸蒸義聚同然止

善大人

冬十二月海陵私淑弟子顧夢騏題聯句于

崇儒祠 計二聯

樂學重先往學開來學世世被春温至教

崇儒再振後儒繼先儒人人欣道脉流芳
衛先聖眞傳道彌高而祀彌久
廣後人學脉身愈遠而教愈尊
三十六年戊申春正月翰林院修撰秣陵焦公
弱侯竑贈精舍祠扁云名世儒宗
春二月鹽運司分理泰州事華陽尹公南臺
希孔鹺倅量修精舍祠　檄曰爲修名賢
祠宇以隆崇報事照得安豐塲王心齋先
生崛起海濱大明聖學本司嘗讀先生語

録及閲名賢誌傳心竊嚮慕久矣茲幸分理淮鹺督課該場得謁先生廟貌因行鄉約士習民風居然醇雅蓋流風遺範猶有存者名賢之有關於梓里如此與起後人裨益風教豈淺淺也

三十七年己酉夏六月鹽臺夏邑彭公嵩螺端
吾親謁先生崇儒祠致祭扁云崛起眞儒
檄曰照得該州先年有心齋王先生者資
性近于天民心學播于淮海功不專乎著
述志惟切于世教俎豆一方允合祀典本
院觀風茲土例得闡揚合行置扁備禮以
伸追慕
即月下旬彭公東巡駐節安豐場復謁先生
精舍祠諭士民講學爲善增光先哲目擊

祠宇倒塌議及修理

秋七月鹽運司分理泰州事泰和郭公颺虞

隆平纘俸量修精舍祠

三十八年庚戌春三月鹽臺彭公纘贖重修精

舍祠建勉仁堂改東西舊號房爲報德堂

明來館

秋七月四代孫王元鼎題聯付子精舍祠勉

仁堂

貫古貫今只此些子勉仁念頭奮乎百世之

上者與百世豪傑之想

包天包地惟這段樂學真精應於千里之外者動千里仰止之思

秋八月泰州學訓私淑弟子和州郝公桐浦繼可會講崇儒祠致祭扁云　昭代聖人後蠲俸置本祠銅鐘石磬

冬十月私淑弟子清江陳兕類奠文

仰惟先生崛起海濱透悟真宗家法以尼山孔氏正位以九二見龍匹夫百世師明

德親民交止於至善兩言千古法樂學格物悉合於大中獨計學術微有可辨者而先生能發之則曰有吾儒之體便有吾儒之用是徵衛道之嚴而不與異端混同又曰經明不用傳道明不用經足徵會道之約而無查滓之未融又以講學諒唐虞之君臣孔子不厭不倦即位育之事功吾無行而不與二三子即某之仕足徵出處隱顯一致於時中此皆發聖心之未發而爲

生知之俊雄先生家嗣名衣遺有一聯友
五友諒友多聞勿正勿忘勿助長誠心尚
友兄執厥中仲子名襲隨親出入贊化愚
蒙嫡孫之垣室失有後義不婚重當貢不
仕藉言目矇志於道德遠紹儒宗曾孫元
昂葺祠脩譜繼述厥功潛心理學大振家
風寔由先生之德大以致後裔之聿隆先
生高弟顏子山農深造自得復傳羅子明
德明德承其學傳貞復楊宮洗弱侯焦漪

園九龍陳光庭三公尊信明德建祠崇祀
金陵之東得與楊子道南吳子伯恒李子
士龍會學羅耿二師祠中門徒千數鱗轃
雲從大明斯道如日天中遡源皆由海陵
發蹤萬曆乙巳光庭陳子同吳光先至泰
類與胡木得接隨侍拜謁　先生結會祠
下闡揚格物正宗人各傾聽有味丁衆行
將明先生之大道淑後世於無窮第類等
愚蒙竊不求仁自責反躬雖樂樂三十餘

秋奈胸次尚未空空再申虔告仰冀陶鎔

冬十一月私淑弟子海陵吳士賢對聯

帝治統大在下位獨惺真我陶鎔俊傑謂

元德誠懋矣

聖言垂世迄當年專尚躬行鼓舞愚蒙向

一化功尤偉哉

嘉靖二十一年壬寅夏五月安豐場鹽課司

大使賈公錦副使葉公璉奠文 補遺

嗚呼公今往矣而今德實行昭于斯世者

實未嘗往也嘗聞公也以道克爲貴以身
安爲富以心學爲多士倡視履考祥其旋
元吉不爵祿而崇高者歟故海内英豪聞
其風以景從者益衆曲造人材亹亹罔倦
蓋有得乎循循善誘之意也嗚呼天下善
類之得于甄陶者孰不欲其壽斯道之傳
也胡何天不假年遽爾殞殁噫非公之不
幸實斯道之不幸也自予至場而　先生
一逝徒仰其風而慕其行而未獲目擊之

休是何遺逢之不偶也然仰慕之餘猶使人惕然深省而況于親炙之者乎乃從而歌之曰雲山蒼蒼江水泱泱先生之風山高水長

萬曆二十六年戊戌秋八月後學於越李公

大蘭槃奠文 補遺

嗟呼先生之學隨池隨時皆可以立成已成物之實功不祿而富不爵而榮雖薦辟屢及未嘗　日忘堯舜君民之志而庋已

度人度時度勢知天下莫有傳岩卜相渭
水卜師之遇恐其一出而如前宋程伊川
氏之摧沮徒受文墨儇薄子之戲侮凌轢
而志不得行也寧終身布素高卧於海濱
隴畝之中我嘗想其動心四勿禱雨從師
攺滛祠慕古禮化内豎於片言賑年凶於
運掌靈臺造化妙用不窮闡道淑人令全
泰知有孔孟之宗自及門東城林公以來
英賢濟濟超然爲維楊冠冕者皆先生振

作之流風斯正實問實學時時有補處

皆宜先生之道蓋未嘗不行也則亦不徒

佩金紫而食萬鍾矣槩於先生讀其文如

見其人自幼有心慕焉昔庚寅之歲特訪

遺蹤乃有先生嗣孫之垣及青襟之士隆

心揖志儼然問學而相從亦若槩之企仰

先生而渴欲聽覿其儀容也槩於先生數

十年來神学精契恍一堂一室之躬逢獨

自恨志同先生堯舜君民之志學同先生

孔孟授受之學而内輕信已外輕信世遂
謂天地間事無不可爲乘機邁會不幸而
偶叨一科又不幸而偶叨一第大步直前
不虞險阨曾未試其毫芒而智討腸腑皆
出時下彼方談笑藏刀我且不知其爲刀
而傾情與之談笑彼方讌會設穽我且不
知其爲穽而開誠與之讌會故知我者曰
一塵不染百折不回訓練胸富甲兵催科
心存撫字而嫉之者曰矯而干譽也愛我

者曰節操風裁並茂文章政事兼優一心軫念民艱千方求拯差累而害之者曰迂而無當也諸若此類不勝枚舉前者方揚後者隨掊揚者十一掊者十九摧沮萬狀讒言罔極我本乙也而庇甲之汚者指之爲乙何顧天理我本丁也而嫁丙之禍者移之於丁何恤人言鼓歫利嘴交唖叢喧亂一時之皂白混萬世之眞僞擠排掩抑竟蒙非己之垢承不情之毀辱及父母之

遺體縱自信生平可不愧於神聽公是公非久當自定如陰雲之去仍見清空而方今吠影吠聲孰能遽白我之丹衷此榘所以愈服先生之早見而終不肯輕出以犯妬心讒舌之鋒也惜乎榘之輕信輕出而一蹶至此不能豫學先生之早見耳撫今追昔有懷冲冲自茲伊始方願一洗退從吾好隨其日用成己成物一如先生當年措注講學開來啟後生小子相從切磋

者以其所學出輔
聖主行堯舜孔孟之道則亦我之報効
天恩也而又何嘗不親見於我躬是乃槩之所
以矜式先生上證于萬世之既往下證于
萬世之將來諒此心此理之同也先生無
言矣精靈未泯幸有以默啓不肖而進之
大道哉

萬曆十一年癸未塑東澗像文 補遺

東海之濱篤生吾夫子天挺人豪其殆鍾

山岳之秀河海之靈者乎不待文王而興者法眼洪都抗督府之賓席瑯琊出論蕭輪纖輔動縉紳之駭訴欵欵披懷負震蕩乾坤之氣有掀動宇宙之風夫豈偶然也哉竊仰吾夫子實爲天地立心實爲生民命爲往聖繼絕學爲萬世開太平者也就不以夫子不與台輔之登庸庇生民而沐雍熙之化熟知吾夫子乃任木鐸之周流群諸弟而成造就之功慨逍遥之微歇遯

披杖而覩化夫子賓天蓋四十四年于今矣廟貌尊崇春秋俎豆亦且四十三年于今幸切瞻依高山仰止今夏適毓吾蔡公以左遷來吾兩淮署泰州分司事拜夫子于祠下謂夫子倡明正學一代儒宗慨遺像之未設顧爲缺典出俸金命場司速爲募工修塑茲既告成生等覩儀容之儼然清輝凜凜宛謦欬之如聞傾心戀戀敬陳蘋藻之奠以慶盛典之遭逢伏惟尊靈默

佑生等頓開靈閫窺極心傳衍夫子之道脉億萬斯年永沾化雨不勝忻躍祈禱之至

仲男王襞等奠文 補遺

府君當國家俎豆之享殆四十四年于今矣男等恭奉香火罔敢或懈日唯兢兢懼不足以仰繼夫子之光而儀形在上謹服膺詩禮之庭訓在上名公屢崇典禮今夏蔡公臨祠展禮求遺像修塑昭示德輝以

快瞻仰今慶告成謹絜牲脯三爵伸虔麟
翔鳳舞耀庇石昆億萬斯年永享多福

嘉靖二十一年夏閏五月本宗某等奠文補遺

嗟夫以聖人爲之弟者難爲兄以聖人爲
之兄者難爲弟以聖人爲之叔伯祖者難
爲侄與孫爲之兄弟侄孫者固當自勉其
如聖人之不易及何吾輩於吾心齋哲子
方在總角朝夕相隨塤篪同樂同業同師
所不同者家庭之間惟子雍雍惟子怡怡

但以聰明之不能及抑知具聖人之胚胎
于茲及既弁矣各事生計耕耔飲獲同創
業基惟子經畧闊大不羇如貨財交除多
利物損巳具以行義之大過抑孰知視萬
物爲一體年既强壯乃謂我輩曲阜大成
結財聚本盍往于商吾輩謂于地側利涼
乃不相告遂自洋洋具以子何需利于遠
抑孰知欲往觀乎聖人之鄉謁聖既逐築
圖結廬盡脫舊業專事詩書堯冕舜服孔

步趨顒顒昂昂宛出周都具以子何莫異
以矯俗抑孰知不容離道千起居寃覔十
載曰既有聞偶來西客談說陽明即夜束
裝坐旦而行相與聚首終　陽明身歸而
緣揮育賢啓愚學士駢集商旅亦至回也
非助商也啓予如雲從龍如風從虎縉紳
仰德罔不顧廬傳道解惑應響荅稱具曰
至聖非孔孰與吾門子弟亦自興起日就
講院求博務旨子乃循循喚醒良知如水

聞木如脂塗蘇不識不知冶化模孚且當
道薦聞意
命車未徵謀猷之深經綸之宏必與伊傅赫赫
同勲胡天不弔禾壞山崩豈造化之多忌
抑文運之適頻門人子弟視沒猶存相與
講究鷗鷺同盟上下聆念　神祠以與固
君子報德報功之盛典其亦吾類千百之
依歸

文弟王錦等奠文　應遴

嗚呼先生之道德在宇宙先生之名聲播西海先生之教化在天下後世先生之利澤在萬物生民先生之經綸議論著謨訓先生之精神氣魄動鬼神先生之情義孚鄉族先生之恩愛在弟等及吾子侄與孫嗚呼在宇宙者與造化而同流播四海者感夷夏而興善在天下後世者聖人之道繼之以不泯在萬物生民者人道明而地道應百穀以生著謨訓者雲行雨施開百

主之程動鬼神者萬年不磨之真擬百鍊金孚鄉族者懷仁感親莫不尊親在茅等及吾子侄與孫者遺芳流蔭家道昌興嗚嗚呼斯世斯民何遭逢之既盛何摧折之適頻麟亡鳳遊木壞山崩人皆謂天柱折地維缺而三綱五常之道將誰依憑以維持是則先生有功於斯世有功於斯民爰祠以祀見天理之在人心百世之下祖德無窮承等修薦俎豆神棲之辰赫赫尊靈

萬曆三十九年辛亥夏六月維揚兵憲豐城

熊公思誠尚文並祀先生于維揚書院

冬十月又熊公致祭奠文

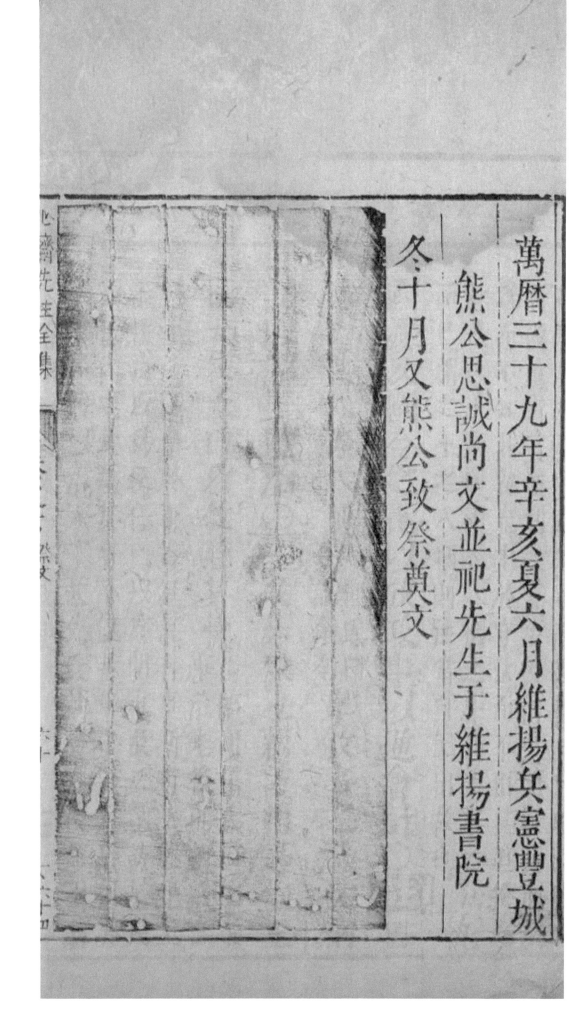

萬曆四十年壬子秋八月工部都水司郎中
嘉興岳公石帆元聲致祭奠文
嗟乎聖經有言自天子以至於庶人壹是
皆以修身爲本越千萬載而下知此義
力行之者幾布衣其人哉先生崛起海[illegible]
毅然以堯舜孔孟以來道脉自任志伊學
顔曰非吾心之所安遡濂溪而直上學孟

氏而登先至今讀其書想見其人而先生
浩然之氣塞乎天地而我儕後學安得不
景行仰止於其間
四十一年癸丑冬十月掌州事本府清軍廳
同知海岱蔣公步陽如華捐俸協刻新鐫
全集在田人龍扁額親書先生樂學歌刊
前堂屏門之上
四十二年甲寅夏四月南京尚寶司卿劉周公
海門貽先生孫之詮曾孫元鼎訓詞贈東

淘精舍祠扁云東海壑人授先年甲辰親
撰先生全書序文
訓曰心齋王先生崛起海濱庶幾生知其見
起諸其行平實故其足法之效垂於兒孫
一傳爲長子衣稱孝子仲子襞稱肖子發
揚振勵學乃有托再傳爲孫之垣州庶生
義篤夫婦釁序有聲梓録語言修崇祠宇
招納同志眞稱賢孫之翰守安豐祠宇之
以之詮繼之學能祗行自立不墜其緒

曾孫元冑州庠生裒集累代遺文

搜四方賢士刻先生之集增爲六本檢名

賢往來書札集爲數卷凡及先生之門與

私淑先生之教者無不表章之此其意盖

勤而道益光矣傳流漸遠子姓日繁合當

繹思祖學効法前修不忘嗣續之功共敦

禮讓之化則先生之教千萬世其有窮耶

王氏子孫其重念之

夏四月泰州司訓光州張公肖文大有雅重

先生曾孫元冑一日鎑冑論其家世公恍
然檢秘笈中先生要語一帙分立本用中
學樂證學願學學易六款凡若干章乃先
年癸卯光郡州大夫郢都尤公大治私淑
其學刻之以示光士夫也公命冑校之以
識一脉相傳之不偶云
尤郡守題其要語曰泰州先生天授靈契崛
起田間力孝躬行默窺道體已闡陽明閫
學東南乃就正焉質辨數四渚然鮮介然

拔毅然服之終身也不墮耳目支離
以精覩口吻精思篤請自證自悟樂學一
徹得趣深矣其曰大學是經世完書契宗
在止於至善格物却正是止至善尤揭宗
旨於中天云今其語具在所謂要言不繁
窺先生之學此得其槪矣
四十三年乙卯夏四月鹽臺惠來謝公中吉王
棠捐貲泰州崇儒祠給世守生員王元鼎
撤曰爲助修賢祠事照得安豐場有布衣

王心齊先生倡明聖學一代醇儒景仰高
風良深嚮往爲此仰州官吏照票事理即
動院銀拾兩給其嫡親裔孫收領少助修
祠享祀之需以本祠生元閔請題扁云一
代醇儒
夏五月謝公東巡復捐資安豐場精舍祠扁
云倡道東南動院銀拾兩給世守生員王
之銓收領以助本祠勉仁堂儀門修理之
費

秋八月維揚兵憲熊公轉陞北京尚寶司卿
撰先生全集序文置崇儒祠祭田
檄曰爲追崇先哲事照得泰州王心齋先
生學傳姚江之衣鉢道接洙泗之淵源本
道滋任茲土殊切嚮慕今陞轉合應追
崇爲此仰州官吏照牌事理即便差人催
取江防廳額解本道項下四十三年剩餉
操賞銀貳拾兩面給本祠後裔王元鼎公
同族眾及經紀置買就近腴田數畝年收

租銀或充本祠香燭之需或備修葺之用
務當官名買立契及領佃姓名認約驗印
存卷并各録契約送道查核永垂不朽外
再動本道公費銀置做本扁一面上書孔
孟正宗四字并本道官銜年月懸於祠門
或祠内完日一併具由報道仍論令租銀
毋得分散花費致負本道追崇先賢之
四十四年丙辰春正月泰州儒學學訓光州張
公贈崇儒祠扁云尼山嫡派

秋七月泰州儒學署學正事舉人豫章徐公
百雍竣轉陞四川新寧令置崇儒祠祭器
奠文扁云淮南夫子
嗟呼聖祖神伏教遠言湮竒衺者溺於見
解窾溯者東於訓詁疇如先生契聖歸眞
由商而儒時時了悟自少至老事事眞修
時習朋來將等孔孟而步趨之寧直淮南
人已哉余生也晚不及聆先生槼誨幸
歲時禋祀叩謁祠像如親道範熟讀語録

如側講筵再稽先生年譜又見眞學問眞

涵養自足千古也一俎豆豈爲先生重耶

先生而俎豆爲之生色矣

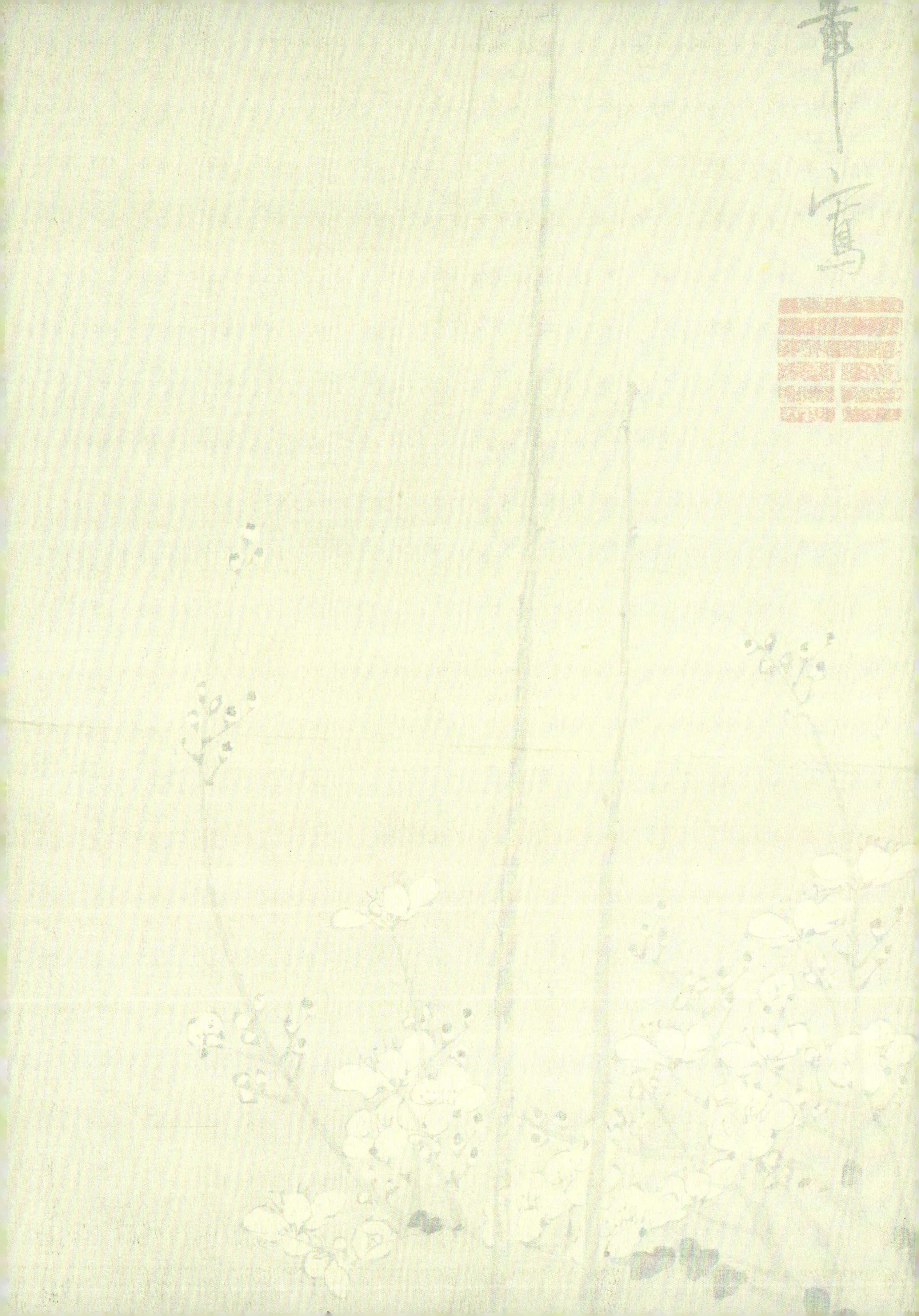